RESOLUÇÃO DE CONFLITOS NA PERSPECTIVA DA HUMANIZAÇÃO

Marcos Ehrhardt Júnior
Soraya Nunes
Arthur Fialho

Organizadores

EDITORA MERAKI

R434 Ehrhardt Júnior; Nunes, Soraya; Fialho; Arthur.

Resolução de conflitos na perspectiva da humanização/ Marcos Ehrhardt Júnior, Soraya Nunes, Arthur Fialho (Coord.). Andradina: Meraki, 2019.

Bibliografia

ISBN 978-16-510-4646-3

1. Direito 2. Direito Civil.

1. Título

CDU – 347   CDD – 347

IDCC

CONTEÚDO

APRESENTAÇÃO

Esta obra representa mais um tijolo destinado a pavimentar uma estrada que leva a construção de uma perspectiva de compreensão do Direito Civil Brasileiro através da humanização das relações entre particulares. O livro resulta das reflexões e debates ocorridos no V Seminário do grupo de pesquisa intitulado Perspectivas e Novos Desafios de Humanização do Direito Civil-Constitucional, sediado pela Universidade Federal da Paraíba (UFPB) e composto por pesquisadores de mais de dez instituições universitárias brasileiras e estrangeiras, em formato de rede de pesquisa, nomeadamente de Instituto de Pesquisa (conferir www.institutodcc.org.br).

O Grupo de trabalho do qual foram retirados os textos deste livro tinha como objetivo refletir sobre o estágio atual do desenvolvimento dos métodos extrajudiciais de resolução de conflitos no Brasil, que há muito deixaram de ser uma promessa para se tornar uma realidade cada vez mais efetiva em nosso cotidiano forense.

O livro inicia com a contribuição de Rodrigo Bezerra, Jarbelle da Silva e Felipe Viana de Melo sobre mecanismos extrajudicias de solução de conflitos como concretização do princípio de acesso à justiça, que dialoga perfeitamente com o artigo de Karin Marques sobre o sistema multiportas, dentro de uma perspectiva que ultrapassa o processo judicial.

Em seguida, um interessante artigo sobre o uso de meios alternativos na resolução de conflitos envolvendo roubo de obras de arte na segunda guerra mundial, elaborado por Ana Rafaela Pessoa Alcoforado e Gustavo Tanouss de Miranda Moreira,

i

apresenta uma face bem diferente da utilização da mediação como alternativa para pacificação de litígios envolvendo pessoas de nacionalidades diferentes.

De volta ao cotidiano das lides forenses mais recorrentes, importante destacar o trabalho sobre os conflitos possessórios que abrangem a Administração Pública, de autoria de Antonio Alves de Vasconcelos Filho e Elvira Pinheiro Macêdo, como também a pesquisa de Cecilia Paranhos Santos Marcelino e Emília Paranhos Santos Marcelino sobre o uso da justiça restaurativa na aplicação de medidas socioeducativas.

Para além da mediação e arbitragem, Ana Carla Berenguer Gonçalves Bezerra, Fabíola Albuquerque Lôbo e Manuel Camelo Ferreira Silva Neto analisam a possibilidade de aplicação da constelação familiar sistêmica no Poder Judiciário, encerrando a primeira seção do livro, que continua com mais dois trabalhos específicos sobre o instituto da arbitragem. O primeiro deles, de autoria de Edna Firmino Rodrigues Fernandes, versa sobre as diferenças entre arbitragem de direito e arbitragem por equidade. Já o segundo, que aborda o procedimento brasileiro de homologação da sentença arbitral estrangeira, é a contribuição e Ana Claudia Alves Cunha Paiva, para melhor compreensão das questões que permeiam a busca por efetividade na aplicação do instituto.

Para nós, que atuamos como coordenadores do grupo de trabalho que originou o presente livro, resta registrar a satisfação com a riqueza e qualidade dos debates desenvolvidos durante mais um bem sucedido evento organizado pelo IDCC, esperando que o leitor, assim como nós, possa apreciar o resultado de pesquisas bem direcionadas e comprometidas com a humanização do direito civil em nosso país.

João Pessoa, 13 de abril de 2019

Os organizadores

MECANISMOS EXTRAJUDICIAIS DE SOLUÇÃO DE CONFLITOS COMO CONCRETIZAÇÃO DO PRINCÍPIO DE ACESSO À JUSTIÇA

RODRIGO DE LIMA BEZERRA
JARBELLE BEZERRA DA SILVA
FELIPE VIANA DE MELLO

Notas introdutórias

Com o processo de evolução social é comum que novas demandas surjam. Tendo em vista as comuns mudanças que esse processo acarreta, como o crescimento da exploração da mão de obra, um maior acesso à informação e educação, conscientização crescente sobre direitos e deveres, considerando ainda, a presença de uma cultura litigiosa onde as pessoas não dispensam a apreciação Estatal é comum que ocorra um crescimento de lides, no entanto, a forma de recepcionar essas demandas mostra-se como um grande problema.

O presente artigo traz uma análise à cerca da forma de solução de litígios do sistema judiciário nacional e sua íntima relação com a crise que se alastra nesse sistema que, por conseguinte, acaba privando os cidadãos de princípios constitucionais basilares como o princípio do acesso à justiça, que muitas vezes é confundido com o acesso precário que temos ao judiciário. Por vezes, levando em conta os excessivos números de processos que se encontram estacionados, o que ocorre é um distanciamento de uma justiça rápida e eficaz. Assim, há uma contradição quando uma via de acesso à justiça priva os detentores deste direito de alcançá-lo.

No entanto, tendo consciência da situação caótica no âmbito judicial nacional e com a preocupação de criar alternativas à justiça, encontra-se uma forma célere e eficaz de solução de conflitos, os chamados: "mecanismos extrajudiciais de solução de conflitos (MESC's)" estes que se baseiam em princípios como a informalidade, autonomia da vontade etc., onde as partes tendo total consciência do que se trata o conflito podem exercer a função de juízes de sua própria demanda, buscando sempre a melhor solução para ambos, sem precisarem submeter-se as demoras processuais e os transtornos que nosso sistema gera pela sua ineficácia, assim os MESC's ajudam os litigantes a terem uma boa experiência e tentam manter a manutenção das relações sociais.

Logo, a autocomposição mostra-se como uma grande aliada na luta contra esta crise instaurada em nosso sistema judicial, e se apresenta como uma forma de concretização do princípio de acesso à justiça, buscando efetivá-lo de forma correta e de modo que não se confunda com o acesso a um judiciário repleto de problemas. Assim, todos poderão ter uma justiça rápida e eficaz, respeitando aos princípios do nosso ordenamento.

Crise do Judiciário frente ao desenvolvimento social

É comum observarmos muitas críticas em relação a conjuntura e atuação do poder judiciário, especialmente na figura do Supremo Tribunal Federal, no processo decisório. Esse setor da esfera jurídica vem trazendo com frequência súmulas impeditivas de recursos, recursos repetitivos com decisões reiteradas, súmulas vinculantes todas elas como uma forma de desafogar o judiciário, decidindo sobre questões de cunho repetitivo relacionados a uma mesma temática, tendo em vista garantir uma maior dinâmica na operacionalidade do sistema, atribuindo celeridade a uma justiça que estagnou em um processo de lentidão e morosidade.

A maior dificuldade enfrentada por esse órgão é a grande demanda preexistente, que com o passar do tempo ganha maior proporção, devido aos conflitos sociais advindos da eclosão de uma sociedade complexa e detentora de princípios axiológicos diversificados, que se chocam rotineiramente diante de um embate de opiniões e direitos.

Essa expansão conflituosa se dá a partir de uma soma de fatores que atrelados, configuram na difusão e aumento da litigiosidade. Tais fatores surgem a partir da redemocratização e da promulgação da Constituição Federal de 1988, onde consiste em uma constituição simbólica, expressão adotada pelo doutrinador constitucionalista Marcelo Neves e essa característica simbólica por ele atribuída é relacionada ao fato da idealização político-ideológica da atividade legiferante. Daniel Sarmento e Cláudio Pereira de Souza Neto preceituam sobre a constituição simbólica ao dizer: "Trata-se de Constituição que não corresponde minimamente à realidade não logrando subordinar as relações políticas e sociais subjacentes. Ela não é tomada como norma jurídica verdadeira, não gerando, na sociedade, expectativa de que seja cumprida" (SARMENTO; SOUZA NETO, 2016).

Possuindo em sua essência, bases ideológicas em detrimento de uma constituição de caráter jurídico-normativo, esse perfil simbólico associado com outros aspectos como: aumento da população em massa, acesso à educação de ensino superior, consagrações de um novo rol de direitos e principalmente ao desenvolvimento econômico, social e cultural da sociedade, fazem eclodir essa expansão de litígios de uma forma magnânima, entretanto, a instituição judiciária não possui meios suficientes para abarcar essa sobrecarga.

Lamentavelmente a sociedade, no tocante a resolução de seus conflitos, se pauta na necessidade de sempre designar um terceiro que seja capaz de resolver o litígio existente. Trata-se de uma sociedade que vê a necessidade de incumbir ao outro (Estado) o poder decisão. Sem dúvidas, é terminantemente necessário que surjam novas configurações das funções estatais a fim de conter os problemas que lhe são impostos diante de uma sociedade que necessita de uma justiça célere.

Apenas indicar os motivos que levam a crise é insuficiente. É preciso criar maneiras de combater essa máquina de litígios e conter as demandas processuais. Atualmente, é notório que a estrutura judiciaria é falha e incapaz de resolver suas demandas, privando as pessoas de usufruir de um princípio básico que é o do acesso à justiça.

Entretanto, o jurisdicionado, recentemente começou a adotar um sistema diferencial que é denominado como modelo multiportas de acesso à justiça que, busca possibilitar mais alternativas para a solução de conflitos no meio extrajudicial, através de acordos celebrado entre as partes, deixando um pouco de lado a tradicionalidade e aliviando o "congestionamento" das instituições judiciarias.

E, apesar de se tentar promover alternativas à justiça, não podemos deixar de considerar que o principal fator do abarrotamento de demandas judiciais, se dá a partir da dificuldade orçamentaria da instituição. A crise, também financeira, não permite a ampliação e melhoramento do órgão que está defasado e necessitando de reforma seu seio estrutural.

Em outro aspecto, pode-se também perceber que o Poder Executivo é um determinante que aprofunda o estado de crise que, ao exercer suas atividades, não se preocupa em prestar sua função com responsabilidade, e essa execução de serviços de forma irregular chega às mãos do judiciário em forma de processo, que por mais sobrecarregado que esteja, ainda tem que lidar com erros e desmandos cometidos até mesmo por autoridades públicas. Antônio Pessoa Cardoso, falando sobre essa dinâmica diz:

> As agências reguladoras, criadas para serem independentes, não prestam para gerar confiança e segurança, nem exercem o poder fiscalizatório que lhe é próprio, motivando demandas que amontoam nos escaninhos dos cartórios. Daí origina-se os litigantes profissionais, a exemplo dos planos de saúde, dos bancos, das telecomunicações e outras concessionárias de serviço público. (CARDOSO, 2016).

Em contrapartida, o Poder Legislativo não fica de fora no quesito de agravantes da crise do Judiciário, ao ser omisso na sua atividade de elaboração de leis que sirvam para regular as relações sociais.

Segundo Thamay, 2013:

> Os cidadãos que não tem as suas situações solucionadas pelo Poder Legislativo, que deveria legislar sobre uma determinada matéria, vão buscar socorro aos seus anseios junto ao Poder Judiciário, o que por mais uma vez faz com que o dito Poder precise gastar seu tempo para solver essas ocorrências perniciosas em decorrência da omissão do Legislativo, inflando ainda mais a estrutura do Poder Judiciário. (THAMAY, 2013).

O não cumprimento das funções de competências de órgãos

específicos, leva a uma desorganização em toda máquina estatal que possui um efeito cascata, desencadeando diversas crises em todos os setores e, por conseguinte, causando instabilidade social e insegurança político-institucional.

Diante desses aspectos apresentados, as consequências dessa inação e toda sobrecarga recai unicamente sob a responsabilidade do judiciário que, na verdade, acaba fazendo as atividades que não correspondem a sua alçada. O judiciário que possui a função de julgar, segundo a teoria da separação de poderes que visa dividir harmonicamente as atribuições de cada poder, acaba legislando em razão da negativa por parte do Poder Legislativo e julgando prática que é inerente a sua própria atribuição e essa postura proativa dos órgãos judiciais criam as figuras da Judicialização e do Ativismo Judicial.

A inaplicabilidade do princípio de acesso à justiça

Diante do Estado Democrático de Direito, consagrado a partir da Constituição Federal de 1988, situado no rol de direitos e garantias fundamentais, surge o princípio constitucional do acesso à justiça, segundo esse princípio todo cidadão tem direito a justiça e compete ao Estado garantir o acesso a esse direito, e essa ambivalência deve ser eficaz para que esse princípio surta os efeitos provenientes de sua natureza.

O princípio do acesso à justiça se encontra previsto no art. 5°, XXXV,da Constituição Federalque traz a seguinte descrição: "A lei não excluirá da apreciação do Poder Judiciário lesão ou ameaça de direito", ele visa garantir que todos tenham direito a tutela de seu direito seja de forma preventiva ou de forma reparatória, esse princípio está intimamente relacionado à justiça social, pois ele visa garantir um acesso mais humanizado e direcionado a todos os cidadãos.

É importante ressaltar que ele esse princípio não é voltado unicamente ao acesso ao judiciário, assistência jurídica que está disposta no art. 5°, XXXV faz referência também as formas de assistência legadas as atividades extrajudiciais. Logo, não se confunde o acesso a justiça com acesso ao judiciário. Garantir o acesso à justiça é promover a cidadania e a igualdade.

No âmbito Internacional, a Convenção Internacional de Direitos Humanos realizada em Costa Rica, também vislumbrou a importância do tema ao dispor:

> Art.8 Toda pessoa tem direito de ser ouvida, com as devidas garantias e dentro de um prazo razoável, por um juiz ou tribunal competente, independente e imparcial, estabelecido anteriormente por lei, na apuração de qualquer acusação penal contra ela, ou para que se determinem seus direitos ou obrigações de natureza civil, trabalhista, fiscal ou de qualquer natureza. (Artigo 8°, 1 da Convenção Interamericana sobre Direitos Humanos - São José da Costa Rica).

O princípio do acesso à justiça é basilar dentro do direito, seja em qualquer ramo, civil ou processual, e apesar de ser essencial para promover uma justiça, que de fato seja justa esse princípio acaba gerando uma série de fatos desordenados e desastrosos para o poder judiciário no âmbito estatal, estagnando toda as instituições desse órgão. Uma sociedade em ascensão traz consigo uma sociedade em crise, que por conseguinte também direciona a uma crise na justiça.

Crises de valores, religiosas e ideológicas foram se alastrando por toda sociedade, causando grandes demandas conflituosas, desse modo todos os litígios desencadeados vão para a apreciação das instituições judiciarias, causando uma demanda de processos exagerada, que são impossíveis de serem atendidas em um limite temporal razoável, trazendo assim morosidade a todo o processo e tornando sem efeito o princípio do acesso à justiça, que nos distancia de uma justiça célere e eficaz.

Apesar de avanços destinados a abranger esse problema, ainda são diversos os obstáculos que impedem a garantia dessem do direito fundamental que é o acesso à justiça. Eles são de natureza jurídica, econômicas, temporais, socioculturais.

Na ordem econômica, a limitação se dá por questões financeiras, as custas processuais somada aos honorários advocatícios, desencadeiam um valor elevado e devido a lentidão que o jurisdicionado proporciona em todo o processo, e esses altos valores ficam inviáveis para o cidadão de condições econômicas hipossuficientes conseguir manter. De outro lado, as pessoas que são detentoras de condições econômicas mais estáveis, usufruem desse privilégio, tendo facilidade em efetivar seu acesso à justiça. Assim, nota-se a injustiça preexistente resultante da desigualdade econômica.

Na escala temporal os obstáculos são caracterizados pela delonga do processo judiciário, ou seja, as instituições judiciárias tornam o processo moroso, o retardo do processamento das causas e desanimador e enfadonho. Para Cappellettti e Garth (1998, p 20) "na maioria dos países as partes esperam por uma solução judicial por, não menos que, dois ou três anos para que se tenha uma decisão que seja exequível"

Diante do obstáculo referente a natureza jurídica sociocultural, tem-se a dificuldade enfrentada pelas pessoas que não possuem determinado grau de instrução que possibilitem a elas compreenderem toda a dinâmica que evolve a norma jurídica.

Sobre a falta de instrução processo de reconhecimento dos próprios diretos (TORRES, 2002), salienta que:

A grande parte dos cidadãos não conhece e não tem condições de conhecer os seus direitos. Quanto menor o poder aquisitivo do cidadão, menor o seu conhecimento acerca de seus direitos e menor a sua capacidade de identificar um direito violado e passível de reparação judicial; além disto, é menos provável que conheça um advogado ou saiba como encontrar um serviço de assistência judiciária. São barreiras pessoais que necessitam ser superadas para garantir o acesso à justiça.

Desse modo, mesmo havendo a previsão legal dispondo acerca do direito fundamental que o cidadão possui de ter acesso a justiça, vemos que essa norma constitucional ainda funciona no papel da abstração, e mesmo havendo algumas conquistas contabilizadas, ainda estamos distantes de usufruir do princípio do acesso à justiça, tal como deve ser.

Autocomposição: uma alternativa à justiça

Desde os primórdios da sociedade, mesmo antes da existência do Estado, antes da criação de qualquer meio de solução de conflitos já existiam as controvérsias. No início, apenas existia a autotutela como forma de proteção da propriedade e outros direitos que ali se instauraram, no entanto, não existia a presença de proporcionalidade nestas disputas, vigorava o que muito chamam de "estado de natureza"[1], com o caminhar social ao desenvolvimento, leis como a de talião traziam a presença da proporcionalidade, toda via, de forma violenta, métodos que mais à frente não poderiam ser utilizados, tendo em vista, o rol de direitos e garantias individuais e coletivas que o ser humano conquistou. Com o passar do tempo e juntamente com o processo de modernização da sociedade aparece a heterocomposição, forma de solucionar conflitos por meio de um terceiro representante do Estado que tem imposto a si o dever de, por via de sentenças, solucionar os litígios que forem levados a sua apreciação, temos aqui o surgimento dos Juízes.

Entretanto, houve uma exagerada busca pelo judiciário e uma inerente superlotação de processos aguardando apreciação, causando uma insuficiência do modelo tradicional, tratado por Bacellar (1999, p.125) como "conquista histórica de garantia da imparcialidade, independência para o alcance da segurança jurídica e manutenção do estado de direito" (apud TRENTIN E TRENTIN, 2011. p. 2) que hoje já não é mais suficiente para suprir todas as demandas da sociedade.

Em meio esse cenário surge a autocomposição, que como preleciona o professor Gustavo Filipe Barbosa, "A autocomposição significa a solução do conflito pelas próprias partes, de forma pacífica e negociada, sem imposição dessa solução por um terceiro"(GARCIA, 2015) , acredita-seque as partes como conhecedores plenos do seu caso serão os melhores juízes de si mesmo, uma vez que por meio de um acordo poderão dispor da melhor forma sobre a solução para sua discordância fugindo da morosidade e lentidão característica do processo nos últimos tempos. Neste modelo, por vigorarem os princípios da informalidade e da autonomia da vontade, é possível que as partes cheguem à acordos onde ambas podem ser beneficiadas, sem necessariamente ter a figura de um vencedor.

---

[1] Para Hobbes, o "Estado de Natureza" é qualquer situação em que não há um governo que estabeleça a ordem. O fato de todos os seres humanos serem iguais no seu egoísmo faz com que a ação de um só seja limitada pela força do outro.

Nota-se também que o modelo tradicional apenas resolve o problema jurídico, a lide, enquanto o problema sociológico, a manutenção das relações sociais, é lesado, por isso, em muitos dos casos a autocomposição é mais indicada, pois as pessoas têm a chance de manter sua relação pré-existente ao conflito, diferente do processo onde muitas das vezes com a solução da controvérsia ocorre, conjuntamente, o fim da relação social. Ensinam neste sentido os mestres Taise Rabelo e Sandro Seixas:

> A sociedade está acostumada a uma visão negativa do conflito, existindo sempre a figura de um ganhador e um perdedor. Dessa forma, a mediação, por sua vez, encara o conflito de maneira positiva, oportunidade de crescimento e amadurecimento dos envolvidos, responsabilizando-os também pelo seu adequado tratamento, haja vista que não esperam que a solução seja "imposta" por um terceiro, como tradicionalmente ocorre no processo judicial. (TRENTIN e TRENTIN, 2011, p. 3).

Além de seu papel principal, com a autocomposição há a possibilidade da criação de uma nova cultura, onde as pessoas aprendam a acordar e o litígio se torna cada vez mais raro, esta prática pode ajudar a nossa sociedade a evoluir e criar melhores hábitos coletivos, deixando de lado esta cultura onde se espera sempre a vitória, onde egoísmo supera qualquer possibilidade de soluções conjuntamente benéficas. Por isso, que os métodos informais são tanto um aliado para combater essa crise que se instaurou no judiciário quanto para o desenvolvimento social e cultural da nossa sociedade, neste sentido coloca

Outro aspecto que nos faz tratar estes métodos extrajudiciais como uma alternativa à justiça é o reduzido número de juízes frente ao exacerbado número de processos que se encontram em nosso sistema judiciário, logo, o problema quantitativo resulta em outro qualitativo, no entanto, com os crescentes cursos de formação de mediadores e conciliadores que estão se espalhando por todo o país com o apoio de entidades jurídicas (tribunais de justiça, CEJUSC's etc) é crescente o número de pessoas que podem auxiliar nesta autocomposição, mostrando a que o próprio Estado já reconheceu estes meios como mais benéficos e como uma forma de auxílio neste momento de crise.

Este é explicitado com a resolução 125 do CNJ e confirma-se com a nova redação do Código de Processo Civil de 2015. A nova redação vem, exatamente, com a intenção de dar celeridade aos processos e evitar que os conflitos acabem necessariamente na justiça, trazendo várias inovações dentro dos seus 1008 artigos, como a inserção da mediação e conciliação em sua redação, podem perceber esta mudança já em seu início no artigo 3°, § 3° "A conciliação, a mediação e outros métodos de solução consensual de conflitos devem ser estimulados por magistrados, advogados, defensores públicos e membros do Ministério Público, inclusive no curso do processo judicial"(art. 3°, § 3°, do CPC de 2015), segundo o senador Valter Pereira (responsável pelo projeto) o projeto seguiu três linhas mestras: reduzir a litigiosidade, simplificar procedimentos na Justiça e dar clareza e transparência a algumas questões. "A Justiça que tarda é a que não é feita" [2]. Já a resolução 125 do CNJ, publicada em 29 de novembro de 2010 dispõe sobre a Política Judiciária Nacional de tratamento adequado dos conflitos de interesses no âmbito do Poder Judiciário. A resolução tem como objetivo ampliar o acesso à justiça e a resolução dos conflitos pelos meios consensuais, vale ressaltar que sua apropriada disciplina em programas já implementados nos país tem reduzido a excessiva judicialização dos conflitos de interesses, nesse sentido preleciona Morgana Richa (2011)[3]:

A resolução conseguiu o efeito de ser um normativo nacional, com diretrizes, concepções estruturais e modelos para se colocar em funcionamento, mas preservou as peculiaridades e as especificidades do sistema, ponderou, observando que prevaleceu no CNJ a ideia de que a Semana Nacional de Conciliação não pode ser extinta. É impressionante a força que demonstra o Poder Judiciário ao trabalhar de forma uníssona, afirmou, lembrando que a comunicação que se consegue com a sociedade nessa semana não é encontrada em nenhum outro projeto do CNJ. (apud TRENTIN E TRENTIN, 2011. p.6).

---

[2]*Reforma do CPC chega ao Plenário em tempo recorde*. Disponível em: <http://www.jusbrasil.com.br/noticias/2507438/reforma-do-cpc-chega-ao-plenario-em-tempo-recorde>. Acesso em: 02/07/2018.
[3] RICHA, Morgana.*Magistrados de todo o Estado participam do IV Fojesp* - Fórum de Juizados Especiais do Estado de São Paulo. Disponível em: http://www.jusbrasil.com.br/noticias/2611447/magistrados-de-todo-o-estado-participam-do-iv-fojesp. Acesso em: 02/07/2018.

Portanto, fica exposto que os métodos autocompositivos são uma alternativa eficaz à justiça quando se fala em uma forma célere e efetiva de resolução de lides. Tentando fazer com que as pessoas tratem a jurisdição como última possibilidade, buscando coibir a atual situação do nosso sistema judiciário.

Concretização do princípio de acesso à justiça

Até aqui ficou provado que foi encontrada uma alternativa à justiça na busca por uma melhor aplicação do princípio de acesso à justiça por via dos mecanismos extrajudiciais de solução de conflitos, um sistema multiportas que tem como principais objetivos a celeridade no processo, a inclusão das partes e o desafogo do judiciário.

O princípio de acesso à justiça pode ser abordado a partir de três formas: o sentido geral, sentido restrito e o sentido integral. Para este trabalho, o sentido integral mostrou-se mais adequado, podendo ser definido, segundo preleciona o professor Ricardo Goretti Santos baseado nas lições de Carlos Henrique Bezerra Leitte (2011):

Compreende os escopos jurídico, social e político do processo, abarcando, ainda, a extensão do direito de "acesso à informação e à orientação jurídica, e a todos os meios alternativos de composição de conflitos, pois o acesso à ordem jurídica justa é, antes de tudo, uma questão de cidadania" (apud, SANTOS, 2014, p.7)

Tendo consciência que os entraves relativos à aplicação de tal princípio, que mais nos parece um Direito Humano, estão na morosidade do processo, seus elevados custos e sua burocracia exagerada, uma vez que nos encontramos em um país com altos índices de pobreza e analfabetismo, sua aplicação, realmente, parece algo impossível. No entanto, os métodos alternativos de resolução de conflitos trazem exatamente esta preocupação, uma vez que prometem ser uma forma rápida, informal e gratuita de resolução de lides. Contudo, foi necessário que se instaurasse todo esse cenário de crise para que se pudesse colocar a própria sociedade como solucionadora de seus problemas, como salientou Luiz Alberto Gomez de Araújo (1999, p. 127).:

... necessária uma crise no sistema de administração de justiça latino-americano, para começarmos a pensar em desenvolver na sociedade sua capacidade de resolver seus próprios problemas sem precisar recorrer às vias judiciais (apud, SANTOS,2014, p.9)

É notável que para que ocorra um acesso à justiça mais democratizado é necessário que ocorra algumas mudanças no Direito, a começar pelo fim do monopólio Estatal no que se trata de resolução dos conflitos, seguido de uma delegação por meio do mesmo para a sociedade da capacidade decisória de alguns temas, ocorrendo dessa forma uma difusão de práticas de resolução de conflitos alternativas ao processo judicial (SANTOS, 2014), que terão marcantes características como cita o professor Ricardo Goretti Santos:

1. Ênfase em resultados mutuamente acordados, em vez da estreita obediência normativa. 2. Preferência por decisões obtidas por mediação ou conciliação, em vez de decisões obtidas por adjudicação (vencedor-perdedor). 3. Reconhecimento da competência das partes para proteger os seus próprios interesses e conduzir a sua própria defesa num contexto institucional desprofissionalizado e através de um processo conduzido em linguagem comum. 4. Escolha como terceira parte de um não-jurista (ainda que com alguma experiência jurídica), eleito ou não pela comunidade ou grupo cujos litígios se pretendem resolver. 5. Diminuído ou quase nulo poder de coerção que a instituição pode mobilizar em seu próprio nome. (apud, SANTOS, 2014, p. 10).

Contudo, este processo de "informalização da justiça" (apud, SANTOS, 2014.), aparece como resposta aos problemas enfrentados pelo sistema judiciário e nos parece uma boa solução quando aplicada de maneira correta e nos casos cabíveis, uma vez que o modelo tradicional não conseguiu acompanhar as demandas que surgiram, e tendo consciência desse ritmo acelerado de crescimento de conflitos e litígios em todo o cenário nacional o próprio Estado incentiva este processo de reação, por via de novas redações nos códigos e resoluções vindas dos seus entes. Nesse sentido:

Destacam-se pela grande repercussão no meio jurídico: o advento da Resolução nº 125/2010 do Conselho Nacional de Justiça (CNJ), editada com a pretensão de instituir uma Política

Judiciária Nacional de tratamento adequado dos conflitos de interesses dedicado a promover a difusão da mediação e da conciliação no Brasil; e o Projeto do Novo Código de Processo Civil Brasileiro (originário do Senado sob o n° 166/2010 – n° 8046/2010 na Câmara dos Deputados), que traz pela primeira vez em um diploma legal, parâmetros para a regulamentação da prática da mediação no âmbito nacional.(SANTOS, 2014, p. 12.)

Eminentemente, esse processo de "informalização da justiça" é um traço de desenvolvimento social, uma passagem da modernidade para a pós-modernidade e o uso dessas formas alternativas e informais tende a se tornar cada vez mais comum. As formas autocompositivas são, inquestionavelmente, uma melhor forma de aplicação do princípio de acesso à justiça, uma vez que se apresentam muito mais eficazes que o modelo tradicional e rompem laços com a burocracia, os custos e a morosidade. Nesse sentido temos os esclarecimentos de Boaventura de Sousa Santos (1990, p. 28)

Os mecanismos informais tendem a formalizar-se; o senso comum jurídico que lhe serve de suporte tende a ser profissionalizado através de acções de formação de mediadores e de muitas outras formas; as partes, que detêm a titularidade da representação dos seus interesses, vão a pouco e pouco confiando a representação aoutros com mais experiência e com mais conhecimentos sobre os modos de actuação do tribunal. Por estes e outros processos, a justiça informal vai duplicando, se não as formas, pelo menos, a lógica das formas da justiça formal. Em suma, em vez de dicotomia, duplicação. (apud, SANTOS, 2014, p.12)

Logo, a aplicação de tal princípio basilar em nosso ordenamento parece ter encontrado uma maneira de concretização por via da difusão dos métodos resolutivos de conflitos, tendo fim o monopólio decisório do Estado e surgindo a possibilidade da iniciação de uma cultura onde a autonomia das partes, a informalidade, e a responsabilidade pela solução dos próprios conflitos são características marcantes e o acesso à justiça um princípio presente.

Conclusões

A partir da Constituição de 1988, travou-se uma contínua luta pelo efetivo acesso aos direitos inerentes ao ser humano, em especial ao direito de Acesso à Justiça, que foi já foi tratado anteriormente, como uma maneira de garantir acesso e celeridade as demandas processuais avindas dos meios jurisdicionais, a conquista por esse direito se trata de uma luta progressiva que se pauta na necessidade dominante que nasce em meio uma sociedade em constante desenvolvimento e que por consequência disto é predominantemente conflituosa.

O perfil ideal de uma justiça acessível à todos, ainda está bem distante da realidade e presente no imaginário de todos os cidadãos, entretanto, não podemos deixar de considerar os feitos realizados até hoje, que contribuíram e ainda contribuem de forma bastante significativa com a finalidade de promover uma justiça social, com um aspecto mais humanizado e simplificado. Um exemplo dessa conquista se deu a partir da Resolução 125 do CNJ.

A resolução 125 do CNJ, trouxe um conjunto de ações que visa garantir mais operacionalidade apoiando o Poder Judiciário no cumprimentos de seus objetivos como forma de garantir a ampliação na resolução dos processos, se tratados mecanismos extrajudiciais de solução de conflitos, que têm logrado bastante êxito desde sua aplicação, diferente dos tramites processuais e totalmente burocráticos das instituições judiciárias tradicionais, esse sistema multiportas de resolução de conflitos por vias extrajudiciais, garantem maior celeridade ao processo e concede mais alternativas ao cidadão para decidir qual a forma mais viável de resolver o seu conflito.

Destarte, diante da necessidade de garantir ao cidadão o direito fundamentalmente basilar do acesso à justiça, vê-se que os (MECS), configuram como uma alternativa que corresponde a realização dos anseios de uma sociedade que necessita de um acesso a justiça eficiente rápido e eficaz para tutelar os seus direitos, que por muitas vezes são lesados e devido às delongas enfrentadas pelos processos, sequer são reparados, trazendo transtornos irreparáveis ao cidadão que não pôde usufruir de um direito que lhe garantia o acesso à justiça.

Referências

Alves Martins Júnior, L. (2016). A Audiência de Tentativa de

Conciliação no Novo Processo Civil. Revista Magister de Direito Civil e Processual .

CARDOSO, Antônio Pessoa. Crise no Judiciário. Disponível em: <http://www.migalhas.com.br/dePeso/16,MI245626,31047-Crise+no+Judiciario>. Acesso em 09/05/2018. 20h

CAPPELLETTI, Mauro e GARTH Bryant. Acesso À Justiça. Trad. De Ellen Gracie Northfllt. Porto Alegre: Sergio AntonioFrabris, 1988. P. 20

Cintra, N. (2016). Mediação Privada: Aspectos Relevantes da Lei no 13.140/2015. Revista Magister de Direito Civil e Processual Civil.

Garcia, G. F. (2015). Mediação e Autocomposição: Considerações sobre a Lei no 13.140/2015 e o novo CPC. Revista Magister de Direito Civil e Processual Civil.

Nunes, D., & Teixeira, L. (2013). Por um Acesso à Justiça Democático: Primeiros apontamentos. Revista de Processo RePro, 75-150.

Santos, R. G. (s.d.). O ACESSO INTEGRAL À JUSTIÇA PELA VIA DOS CENTROS MULTIPORTAS DE GESTÃO DE CONFLITOS.

SOUZA NETO, Cláudio Pereira de; SARMENTO, Daniel. *Direito Constitucional: Teoria, História e Métodos de Trabalho*. 1ª edição. Belo Horizonte: Editorial Fórum, 2016.

THAMAY, Rennan Faria Kruger. A Crise do Poder Judiciário como fator determinante para a ocorrência da relativização da coisa julgada.   Disponível   em: < http://www.revistartj.org.br/ojs/index.php/rtj/article/view/28>. Acesso em: 14/05/2018. 17h21min.

TORRES, Ana Flavia Melo. Acesso à Justiça. Âmbito Jurídico, Rio Grande, III, n. 10, ago 2002. Disponível em: http://www.ambitojuridico.com.br/site/index.php?n_link=revista_artigos_leitura&artigo_id=4592. Acesso em: jul 2018

Tretin, T. R., & Tretin, S. S. (18 de Maio de 2018). Mediação como um meio alternativo de tratamento de Conflitos prevista no novo CPC e na Resolução 125 CNJ. Ambito Jurídico.

SISTEMA MULTIPORTAS: UM OLHAR PARA ALÉM DO PROCESSO JUDICIAL

KARIN MARIA MONTENEGRO MARQUES

Introdução

O direito ao acesso à justiça está descrito no artigo 5º, inciso XXXV, da Constituição Federal de 1988, o qual prevê que a lei não excluirá da apreciação do Poder Judiciário lesão ou ameaça ao direito. Pode-se notar que, se realizada uma leitura rápida e uma interpretação rasa deste artigo, chega-se à conclusão que, surgindo um conflito na sociedade o único meio de solução é pela porta do Poder Judiciário.

É certo que, durante décadas, foi estabelecido o entendimento que para solução de uma controvérsia é necessário encaminhar o pleito ao Poder Judiciário, assim o juiz realiza sua atividade judicante de dizer a quem pertence o direito.

Porém, falar em acesso à justiça não se reduz apenas propor uma demanda judicial na busca da obtenção de uma sentença, implica também ao acesso à ordem jurídica judicial ou não judicial, justa para efetivar soluções de conflitos, desta feita há que se olhar de uma forma plural às possibilidades de solução das controversas.

Nesta vertente, em 2010, houve a publicação da Resolução 125 do Conselho Nacional de Justiça - CNJ, instituindo a Política Judiciária Nacional de tratamento adequado dos conflitos de interesses no âmbito do Poder Judiciário, esta considerou o fomento de outros mecanismos de solução de conflitos, em especial dos consensuais, como a mediação e a conciliação.

Posteriormente, em 2015, foi publicado o atual Código de Processo Civil, e em seu artigo 3º, reforçou o contido no texto Constitucional mas, principalmente, possibilitou ao Poder Judiciário utilizar de outros métodos de solução consensual de conflitos, entendendo que compete a este incentivar os litigantes a utilizar outras formas de solução de controvérsias, mas não mencionou quais os tipos de métodos além da conciliação, da mediação e da arbitragem pode-se utilizar, e hoje vemos uma expansão da utilização das técnicas da constelação familiar no Judiciário.

Porém, para efetivação desta nova cultura em busca de solução do conflito, não basta que a atuação fique nas entranhas do processo, temos em outra ponta do conflito que incluir a responsabilidade dos advogados na construção deste novo olhar, e nesta mesma senda, no final do ano de 2015, foi publicado o Código de Ética dos Advogados, enaltecendo como dever do advogado estimular, a qualquer tempo, a conciliação e a mediação entre os litigantes, prevenindo, sempre que possível, a instauração de litígios, conforme inciso VI, parágrafo único do art. 2º. Portanto, destaca-se a importância do advogado nesta nova forma de trabalhar com as demandas que chegam em seu escritório.

Também fazendo parte desta cadeia referente à mudança de paradigma, não se pode deixar de fora a responsabilidade de cada indivíduo, pois todo conflito ocorre dentro da sociedade, da comunidade, que constitui um terceiro componente em qualquer litígio, visto os litigantes que procuram o advogado, que aciona o Poder Judiciário, é preciso que todos tenham ciência da existência e da funcionalidade do Sistema Multiportas.

Foi visto que, com a promulgação das leis acima citadas, refletiram os debates realizados tanto pelos atores do Poder Judiciário como a classe dos advogados e a sociedade civil, que perceberam no decorrer dos anos uma multiplicação de processos que ocasionou um congestionamento processual perto dos 70%, conforme pesquisa realizada pelo CNJ, o que se pergunta é: como efetivar o acesso à justiça por meio do Sistema Multiportas?

Nestas breves linhas percebe-se que a litigiosidade instaurada em nossa sociedade ocasionou o congestionamento processual, porém este não é o único aspecto relativo à Política Pública Nacional de tratamento adequado dos conflitos, passou também a se observar que por trás do processo existem pessoas e famílias que precisam ser vistas, implementando a cultura da paz, desta maneira tratando o conflito com um olhar humanizado, possibilitando o diálogo entre as partes, pois no sistema tradicional a formalidade processual não permite tal olhar. Para tanto, surge em nosso ordenamento jurídico o Sistema Multiportas, e é este que se pretende estudar neste artigo.

O presente trabalho tem como objetivo examinar a construção de um novo paradigma referente ao princípio do acesso à justiça, bem como analisar o impacto das legislações atinentes aos mecanismos de resolução do conflito a partir da publicação da Resolução n° 125 do CNJ, conceituar o Sistema Multiportas e traçar breves linhas referentes aos institutos da mediação, constelação, arbitragem, e ainda a aplicabilidade das técnicas da constelação familiar.

A metodologia adotada consiste em pesquisa teórica, documental e da legislação vigente no Brasil. Os estudos se centram na análise e coleta bibliográfica das doutrinas jurídicas relacionadas ao tema, tanto domésticas quanto estrangeiras, e na análise documental de jurisdição pertinente.

Crise do Acesso à Justiça e à Mudança de Paradigma

Quando se fala em acesso à justiça, o consciente social entende como sinônimo de acesso ao Poder Judiciário, este sentido ganha força quando analisado o princípio da inafastabilidade da jurisdição, consagrado no inciso XXXV, do art. 5° da Constituição Federal de 88, que prevê que não se excluirá do Poder Judiciário a apreciação de lesão ou ameaça ao direito.

Desta feita, instaurado um conflito, este poderá ser levado à porta do judiciário para determinar a quem pertence o direito, devendo o poder estatal possibilitar este acesso à justiça, e como bem destaca Marinoni:

> No direito brasileiro, várias são as normas que objetivam tornar o processo jurisdicional acessível a todos. Desta forma, não só se isenta, em alguns casos, o pagamento de custas processuais (incluindo-se honorários de advogados; art. 3°, Lei n°. 1.060/50 – Lei de Assistência Judiciária) e confere-se direito ao advogado sem que seja preciso ser paga qualquer quantia em dinheiro (art. 5°, LXXIV, CF), como chega-se até mesmo a permitir o acesso ao juiz sem a participação de advogado (art. 9°, Lei n° 9.099/95 – Lei dos Juizados Especiais) (2002)

Percebe-se a preocupação estatal em viabilizar o acesso à justiça, quebrando a barreira econômica do processo, tornando-o menos custoso para aquele que pretende demandar. Concomitante a isso houve também uma mudança em nossa sociedade em relação ao conhecimento e exercício dos direitos conferidos a todos os cidadãos, acarretando um volume maior de demandas judiciais propostas.

O papel do Poder Judiciário como porta de entrada para que o cidadão requeira uma tutela e a busca da solução de um conflito, diante de um processo judicial baseado na igualdade e imparcialidade, é deveras importante e imperioso existir, mas o volume de demandas propostas ultrapassa a possibilidade de solucioná-las em tempo hábil, pois aquele que busca uma solução a quer em um tempo breve.

Portanto, o outro lado da moeda em relação ao acesso à justiça é a resposta ao pedido realizado de forma célere, porém o volume de processos ocasionou uma taxa de congestionamento processual elevada em razão de um grande volume de processos sendo demandados e poucos sendo julgados, por vários fatores, estrutural, orçamental, pessoal (e aqui podem ser citados não só os juízes e servidores do Poder Judiciário, mas todos que participam do processo, como advogados, defensores públicos e membros do Ministério Público) e das regras processuais que impedem uma maior vazão de solução da demanda proposta, nas palavras de Marinoni (2002) "é irracional imaginar que o direito de ir a juízo não tem como corolário o direito à tempestividade da justiça".

Diante da crise do acesso à justiça, em especial à satisfação da tutela, em virtude da morosidade instaurada nos Tribunais Brasileiros, muitos estudos começaram a ser realizados na melhora satisfativa da solução das controvérsias. E, principalmente, após a criação do Conselho Nacional de Justiça, foi possível organizar os dados e detectar a taxa de congestionamento em nosso sistema judiciário.

Segundo o informativo "Justiça em Números de 2017", disponibilizado no site do Conselho Nacional de Justiça - CNJ (Conselho Nacional de Justiça, 2017), foram reunidos dados de 90 Tribunais, e estes apontaram que o "Poder Judiciário brasileiro finalizou o ano de 2016 com 79,7 milhões de processos em tramitação", e a taxa de congestionamento em 2016, comparada à pesquisa anterior, "permaneceu alta, com percentual de 73%. Isso quer dizer que foram solucionados apenas 27% de todos os processos".

Esta taxa de congestionamento elevada, em virtude da morosidade processual, reflete na sociedade uma sensação de insatisfação e de injustiça. Portanto, não basta ter a porta de entrada da judicialização, é necessário que a porta de saída seja eficaz, ou que surjam outras possibilidades de solução de conflitos, para que haja decisões céleres e satisfativas. Neste sentido destaca-se o pensamento de Watanabe:

> O princípio da inafastabilidade do controle jurisdicional, inscrito no inciso XXXV do art. 5º da Constituição Federal, não significa um mero acesso formal aos órgãos judiciários. Assegura ele um acesso qualificado à justiça que propicie ao jurisdicionado a obtenção de tutela jurisdicional efetiva, tempestiva e adequada, enfim, um acesso a uma ordem jurídica justa (Kazuo Watanabe, 2012, p. 87)

Diante desta crise instalada, o acesso à justiça vai além da questão do custo do acesso e da celeridade processual para a completude, este princípio ganha novos ares quando se percebe o conflito e as partes, ou seja, olha para além do processo civil, e assim surgem questionamentos a respeito da forma de tratamento dos conflitos, e propõe novos atores na solução das controvérsias, além do estado-juiz, conforme veremos nos próximos tópicos deste artigo.

Propostas de Reforma Judicial, que Culminaram nesta Quebra de Paradigma, com a Aplicação de Métodos Alternativos

A crise no sistema judiciário reflete diretamente na sociedade, acarretando uma insatisfação, em contrapartida gera a necessidade de se buscar novos caminhos para alcançar o mesmo fim, qual seja a solução dos conflitos. Serão destacadas neste tópico algumas reformas legislativas que influenciaram a aplicação de métodos (meios) alternativos de solução de conflitos.

Para tornar a justiça acessível, o primeiro passo realizado num contexto mais recente foi em relação às custas do processo, e várias leis foram aprovadas neste sentido, a mais emblemática é a Lei 9.099/95, a Lei dos Juizados Especiais, que possibilitou a propositura da ação sem a obrigatoriedade do advogado e do pagamento das custas iniciais.

Realmente foi um grande avanço, e considerado um marco legal da mudança de paradigma em relação à forma de resolução do conflito, quando possibilitou às partes a conciliação antes da resposta do réu. Como enaltece Tartuce (2014), "o Projeto de Lei nº 4.827/1998 adotou o modelo europeu da mediação com foco na visão de transformação do conflito".

Um ano depois surgiu a Lei 9.307/96, a Lei de Arbitragem, instituto este já previsto no ordenamento jurídico brasileiro, mas a lei trouxe uma nova aparência para a arbitragem, ao permitir que a solução de litígios relativos a direitos patrimoniais disponíveis fosse realizada fora do domínio do Poder Judiciário, se assim as partes decidissem.

Foi um grande avanço na medida de proporcionar outros meios de solução de conflitos, mas ocasionou fortes debates jurídicos sobre a sua constitucionalidade, justamente por ter mitigado a inafastabilidade do Poder Judiciário da apreciação de lesão ou ameaça ao direito.

Mesmos após estas medidas a morosidade processual permaneceu, e no ano de 2004 foi publicada a Emenda Constitucional nº 45, que adicionou ao rol dos direitos fundamentais, no art. 5º da CF/88, o inciso LXXVIII, prevendo a "razoável duração do processo e os meios que garantam a celeridade da sua tramitação". Porém, a edição de uma lei não tem o condão de modificar uma cultura com todo um sistema enraizado na litigiosidade, entretanto, foi mais um passo na construção da mudança de paradigma.

Diante da litigiosidade instaurada em nossa sociedade, em razão da abertura do acesso à justiça, bem como de um maior número de pessoas reconhecerem um direito a ser tutelado, ocasionou o congestionamento do processo judicial e acirrou o comportamento adversarial das partes, que sempre buscam um ganhador e um perdedor.

Entretanto, notou-se que em muitos processos a sentença só colocava fim a este, não solucionando o conflito, pois este transcende à lógica do direito, sendo necessário um olhar para a comunicação entre as partes, o restabelecimento do diálogo e a coconstrução de uma solução. Mas a dinâmica processual não proporciona tal finalidade e, desta maneira, o processo, em certos casos, se tornava obsoleto, sem alcançar sua função primordial que é a paz social.

Diante deste cenário e de um olhar diferente para a solução dos conflitos, vislumbrou-se a possibilidade de aplicação de métodos alternativos de solução de conflitos, e o marco de incentivo para a mudança de paradigma ocorreu no ano de 2010, com a edição da Resolução nº 125, do Conselho Nacional de Justiça, que estipulou ações de reforma do sistema de justiça, instituindo assim uma política de tratamento adequada aos conflitos de acordo com sua natureza e peculiaridade, incentivando a aplicação da conciliação e da mediação.

Continuando com o mesmo espírito de tratamento adequado ao conflito, em 2015 foi publicado o atual Código de Processo Civil, e em seu artigo 3º, reforçou-se a necessidade de utilizar da conciliação, mediação, arbitragem e outros métodos de solução consensual de conflitos.

No mesmo ano de 2015, após anos de discussão da matéria no plenário do Congresso Nacional, que iniciou com a apresentação de Projeto de Lei nº 4.827/1998, pela Deputada Zulaiê Cobra, na Câmara dos Deputados, foi aprovada a Lei 13.140, que disciplinou a "Mediação entre particulares como meio de solução de controvérsias e sobre a autocomposição de conflitos no âmbito da administração pública".

Porém, para efetivação desta nova cultura em busca de métodos alternativos de solução do conflito, não basta que a atuação fique nas entranhas do processo, seja ele judicial ou extrajudicial, é necessário, em outra ponta do conflito, incluir a responsabilidade do advogado na construção deste novo olhar, visto que este é o primeiro a ser buscado quando da existência de um conflito.

Com o intuito de corroborar para esta política pública de pacificação social, no final do ano de 2015, foi publicado o Código de Ética dos Advogados, enaltecendo como *dever do advogado estimular, a qualquer tempo, a conciliação e a mediação entre os litigantes, prevenindo, sempre que possível, a instauração de litígios*, conforme inciso VI, parágrafo único do art. 2º. Portanto, destaca-se a importância do advogado nesta nova forma de trabalhar com as demandas que chegam em seu escritório.

Assim, verifica-se a importância de se trazer novos atores na busca da aplicabilidade dos métodos alternativos de solução de conflitos e, ainda sob este prisma, pode-se incluir a necessidade de incentivo para que o ensino superior inclua em seus currículos a disciplina de métodos alternativos de solução de conflitos, de tal modo contribuindo para a mudança de atuação diante de uma controvérsia.

Sistema Multiportas e suas Possibilidades

Conforme visto acima, a conscientização dos cidadãos em relação aos seus direitos culminou para a consolidação da cultura do litígio, abarrotando os Tribunais com processos infindáveis, ocasionando uma morosidade processual, que trouxe uma sensação de insatisfação e injustiça.

Esta realidade despertou o interesse no estudo da dinâmica dos conflitos levados à apreciação do judiciário, resultando em pesquisas que apontavam para a criação de alternativas distintas de solução dos conflitos, assinalando a necessidade de proporcionar espaços - estatais ou não - direcionados a restabelecer a comunicação de pessoas em conflito.

No ano de 1976 o professor de direito de Harvard, Frank E. A. Sander, criou o conceito de Tribunal Multiportas, que para ele:

> A ideia inicial é examinar as diferentes formas de resolução de conflitos: mediação, arbitragem, negociação e "med-arb" (combinação de mediação e arbitragem). Procurei observar cada um dos diferentes processos, para ver se poderíamos encontrar algum tipo de taxonomia para aplicar aos conflitos, e que portas seriam adequadas a quais conflitos. Venho trabalhando nessa questão desde 1976, porque na verdade o Tribunal Multiportas é

uma simples ideia, cuja execução não é simples, porque decidir que casos devem ir para qual porta não é uma tarefa simples. É nisso que temos trabalhado." (2012. pg 32)

Assim nasceu o pensamento em busca de novos caminhos para solução dos conflitos. No pensamento de Sander todas as demandas são propostas no Tribunal Multiportas, e analisadas uma a uma para saber qual o método adequado para aquele caso concreto.

No Brasil não temos um Tribunal Multiportas, como idealizado por Sander, e sim a possibilidade de aplicação dos métodos adequados de solução de conflitos, a qualquer tempo, ou seja, de forma extrajudicial ou judicial.

Principalmente após a publicação do atual Código de Processo Civil, que em seu art. 3° prevê, além do princípio da inafastabilidade da jurisdição, a possibilidade das partes utilizarem-se da arbitragem, conciliação, mediação e outros métodos de solução consensual de conflitos, atribuindo o dever dos juízes, advogados, defensores públicos e membros do Ministério Público, de incentivar o uso em busca da solução consensual dos conflitos.

Mas quais são estes métodos de solução adequados do conflito? O próprio art. 3° menciona a possibilidade da arbitragem, da conciliação, da mediação e de outros métodos de solução de conflitos, portanto estamos diante de uma norma que poderá abarcar quantos métodos mais forem surgindo no campo de tratamento adequado dos conflitos.

Diante do atual Código de Processo Civil e demais leis afetas ao tema, pode-se dizer que houve a instauração do Sistema Multiportas de solução de conflitos no Brasil, cabendo aos operadores do direito direcionar as partes para melhor porta a ser levado a controvérsia.

Neste trabalho, serão analisadas de forma sucinta algumas possibilidades atuais do Sistema Multiportas, de métodos adequados de solução de conflitos, que vão além do processo judicial, mas não o torna dispensável.

A primeira porta é a da negociação, que é realizada diuturnamente por todos os indivíduos, e está presente também em todas as outras modalidades de métodos adequados de solução de conflitos. Negociar é dialogar, é demonstrar um objetivo em mente, em busca de construir um consenso. É por meio da negociação que se exercita o diálogo, pode ser realizada diretamente entre as partes, ou quando necessário, com a intervenção de um terceiro, imparcial, para auxiliar a comunicação delas em busca de uma concordância.

Outras duas portas muito similares, porém, distintas, como veremos, são a conciliação e a mediação. Ambas consideradas como métodos auto compositivos, visto que é dado o empoderamento às partes na construção da solução do conflito, estes são realmente os atores no caminho da solução. Cabendo ao terceiro imparcial (conciliador/mediador) auxiliar as partes, a fim de que estas, por si, cheguem a uma solução.

Destacam-se duas diferenças basilares, a primeira é que a conciliação é preferencial para as relações sem vínculo anterior, já a mediação é recomendada para os conflitos de relações com vínculo anterior ao conflito, também chamadas de relações continuadas. Esta diferença diz respeito à forma de abordagem do terceiro imparcial.

Dito isso, a segunda diferença está na postura do facilitador (conciliador/mediador). Na conciliação, o conciliador pode sugerir opções de solução, tendo o cuidado para não induzir ou intimidar as partes, a fim de buscar o acordo. Já o mediador necessita ser capacitado para utilizar técnicas de comunicação para facilitar o diálogo entre as partes envolvidas no conflito e que possam chegar a um consenso, porém não pode sugerir qualquer solução para o conflito, sua função primordial é facilitar a comunicação entre os envolvidos para que eles possam encontrar formas produtivas de lidar com as disputas.

Totalmente fora do âmbito do Poder Judiciário encontramos a arbitragem, que é um método heterogêneo de solução de conflito, visto que o árbitro é quem decidirá a questão, como se juiz de direito fosse. Portanto, é um modo de solução similar a um processo judicial, porém este se desenvolve na esfera extrajudicial, tendo a participação efetiva dos envolvidos no conflito, desde a escolha por esta porta, como a escolha do árbitro, do procedimento e da forma de julgamento.

A arbitragem quando publicada a Lei em 1996, gerou grande

polêmica, e questionamentos sobre a sua constitucionalidade, visto que referido procedimento afasta da apreciação do Poder Judiciário o mérito da questão. Mas tal impasse foi superado pelo STF, que reconheceu incidentalmente a constitucionalidade da lei.

Também como método alternativo de solução de conflitos, aponta-se neste trabalho a porta das Práticas Colaborativas, em especial no direito de família, e de acordo com a descrição contida no site do Instituto INNOVARE:

> A chamada Advocacia Colaborativa foi inicialmente idealizada por Stuart Webb, um renovado advogado de família norte-americano que, mesmo nos casos em que obtinha êxito nas causas de seus clientes, percebia os efeitos desastrosos dos processos judiciais para o sistema familiar. [...] Webb reformulou sua prática de maneira simples: continuava a atuar como advogado, empenhando-se na defesa dos interesses de seus clientes, passando, porém, a focar exclusivamente na construção de acordos, renunciando assim à opção pelo litígio (2013).

No Brasil, no ano de 2013, o projeto Práticas Colaborativas no direito de família ganhou o prêmio do Instituto INNOVARE, como "uma nova forma de resolução de conflitos, consensual e voluntária, em que todos se comprometem a dialogar em busca de um acordo que traga benefícios mútuos", neste procedimento as partes assinam um termo de participação colaborativa, se comprometendo a agir para que as negociações sejam pautadas na boa-fé, de forma a chegar a um acordo mutuamente aceitável.

Cada parte estará representada por um advogado, e este aceita o compromisso de não ajuizamento de processos litigiosos. Caso não haja consenso deverão as partes contratar outros profissionais para demandar junto ao Poder Judiciário. Neste procedimento também há a previsão do auxílio de equipe multidisciplinar, psicólogos e contadores, para auxiliar as partes na tomada de decisão.

E um dos métodos mais recentes é o da Constelação Familiar, também denominada como Direito Sistêmico, segundo Storch:

> Trata-se de uma abordagem fenomenológica e sistêmica, originalmente utilizada como método terapêutico pelo alemão Bert Hellinger, que a partir das constelações familiares desenvolveu uma ciência dos relacionamentos humanos, ao descobrir algumas

ordens (leis sistêmicas) que regem as relações. [...] o conhecimento de tais ordens (ou leis sistêmicas) nos conduz a uma nova visão a respeito do direito e de como as leis podem ser elaboradas e aplicadas de modo a trazerem paz às relações, liberando do conflito pessoas envolvidas e facilitando uma solução harmônica. (2014).

Referidas leis sistêmicas, chamadas também de ordem do amor, são pertencimento, equilíbrio e hierarquia. Segundo Hellinger, em todos os nossos relacionamentos existem necessidades fundamentais que atuam umas sobre as outras de maneira complexa, e portanto, todo o indivíduo tem a necessidade de pertencer, isto é, de estar vinculado com seu sistema familiar, de preservar o equilíbrio entre dar e o receber, que é a relação de troca existente em todas as relações, e a hierarquia, também chamada de ordem, que representa a segurança proporcionada pela convenção e previsibilidade sociais, em outras palavras, é respeitar aqueles que primeiro chegaram no sistema familiar.

É uma abordagem humanizada, com base na psicologia que, por meio de um olhar para a imagem interna das partes envolvidas no conflito, que se encontram em desordem ou incompletas, produzindo dor ou sofrimento, o facilitador, ao aplicar o pensamento sistêmico, pode perceber questões além do conflito aparente.

Esta nova abordagem de solução de conflitos é muito recente, e seria necessário um outro artigo para trazer todas as suas nuances, mas deve-se destacar que é uma abordagem humanizada, com o olhar para os sujeitos do conflito e todo o seu sistema familiar, e serve não só para descongestionar o Poder Judiciário mas, principalmente, para trazer uma maior eficácia na solução do conflito.

Estas são as possibilidades destacadas neste artigo, referentes à aplicabilidade do Sistema Multiportas, que deverá ser incentivado por todos os operadores do direito, devendo aquele que tem conhecimento do conflito indicar às partes envolvidas a melhor porta para a solução do conflito apresentado.

Importante mencionar que o art. 3º do atual Código de Processo Civil é uma norma aberta onde poderá ocorrer de outros métodos surgirem. E apenas a título de curiosidade, na esfera penal, também tem surgido outras possibilidades, como Justiça Restaurativa, que aqui não será abordado.

Considerações Finais

As considerações tecidas até então, denotam a importância não só da discussão e do debate jurídico sobre o Sistema Multiportas de solução de conflitos, mas pretende contribuir na construção do pensamento científico a respeito da aplicabilidade de métodos adequados além do processo judicial, bem como ajudar no desenvolvimento da melhor abordagem do tema na seara jurídica e auxiliar o aplicador do Direito, porém sem a pretensão de esgotamento do tema.

Pode-se notar que diante da crise do Poder Judiciário foi necessário olhar para outros campos do saber a fim de entender a dinâmica do conflito, pois conhecer somente as normas processuais é insuficiente para se alcançar a solução da controvérsia.

Necessário perceber que o direito por vezes não alcança as nuances do conflito, que é fundamental incutir a cultura da paz, por meio do empoderamento das partes no tocante ao protagonismo na solução do conflito, só assim as partes poderão ser vistas além do processo.

Mas para que o Sistema Multiportas seja plenamente aplicado, é salutar que seja realizada uma mudança na educação, em especial no ensino superior, nos cursos de Direito, ensinando os alunos a diferenciar o tratamento de cada tipo de conflito. Como também, divulgar e disseminar para os operadores atuantes que não conhecem este novo modo de solução de conflitos.

E ainda, a capacitação e aprimoramento daqueles que efetivamente auxiliarão as partes como conciliadores, mediadores, árbitros, facilitadores do direito sistêmico, enfim, toda essa grande rede que tem se aberto na busca da construção da solução de conflitos.

É apenas o início de uma grande trajetória para além do processo judicial!

Referências Bibliográficas

BARBOSA, Águida Arruda. Mediação Familiar: instrumento para a reforma do judiciário, In: PEREIRA, Rodrigo da Cunha (Coord). Afeto, ética, família e o novo código civil brasileiro, Anais do IV Congresso Brasileiro de Direito de Família. Belo Horizonte: Del Rey, 2004.

_____Prática da Mediação: Ética Profissional. Disponível em: <http://www.ibdfam.org.br/_img/congressos/anais/3.pdf   > Acesso em 27 de abril de 2017

BIANCHI, Angela Andrade. Eva Jonathan e Olivia Agnes Meuer. Mediação de Conflitos: para iniciantes, praticantes e docentes/ Coordenadoras Tania Almeida, Samanth Pelajo e Eva Jonatan – Vários Autores: Teoria do Conflito – Salvador: Ed. Jus Podivm, 2016.

BRASIL. Conselho Nacional de Justiça. AZEVEDO, André Gomma de (Org.). Manual de Mediação Judicial. 5ª edição. Brasília: CNJ, 2015.

BRASIL, República Federativa do. Lei n° 13.140, de 26 de agosto de 2010. Dispõe sobre a mediação entre particulares como meio de solução de controvérsias e sobre a autocomposição de conflitos no âmbito da administração pública; altera a Lei nº 9.469, de 10 de julho de 1997, e o Decreto nº 70.235, de 6 de março de 1972; e revoga o § 2º do art. 6º da Lei nº 9.469, de 10 de julho de 1997 (DOU de 29/06/2015). Disponível em: <http://www.planalto.gov.br/ccivil_03/_ato2015-2018/2015/lei/L13140.htm>.Acesso em 20 novembro 2015.

_____. Resolução n° 125, de 29 de Novembro de 2010. Dispõe sobre a Política Judiciária Nacional de tratamento adequado dos conflitos de interesses no âmbito do Poder Judiciário e dá outras providências. Disponível em <http://www.cnj.jus.br/busca-atos-adm?documento=2579>. Acesso em 04 de dezembro de 2016

Conselho Nacional de Justiça – CNJ.< http://www.cnj.jus.br/programas-e-acoes/politica-nacional-de-priorizacao-do-1-grau-de-jurisdicao/dados-estatisticos-priorizacao>. Acesso em 21 de novembro de 2017

_____. Justiça em Números 2017, Destaques. <http://www.cnj.jus.br/files/conteudo/arquivo/2017/09/e5b578 9fe59c137d43506b2e4ec4ed67.pdf> e <cnj.jus.br/jn2017>. Acesso em 20 de março de 2018.

INNOVARE. Práticas colaborativas. <http://www.premioinnovare.com.br/praticas/l/praticas-colaborativas-no-direito-de-familia> Acesso em 10 de março de 2017

MARINONI, Luiz Guilherme. O Custo e o Tempo do Processo Civil Brasileiro - Revista da Faculdade de Direito UFPR, 2002 - <revistas.ufpr.br> acesso 16 de março de 2018

OLIVEIRA, Lauro Ericksen Cavalcanti. A teoria geral dos conflitos e a sua compreensão como um fenômeno sócio-jurídico: os planos objetivo, comportamental e anímico dos conflitos. In: Revista da Escola Superior da Magistratura Trabalhista da Paraíba. Ano IV – Número 4. João Pessoa: Outubro de 2011. p.145. Disponível em: <http://www.publicadireito.com.br/artigos/?cod=0ff8033cf9437c 21> Acesso em 17 de dezembro de 2017.

PEDROSO, João António Fernandes, Acesso ao Direito e à Justiça: um direito fundamental em (des)construção O caso do acesso ao direito e à justiça da família e das crianças, Dissertação de Doutoramento em Sociologia do Estado, do Direito e da Administração, apresentada à Faculdade de Economia da Universidade de Coimbra. 2011, Disponível em: <https://estudogeral.sib.uc.pt/bitstream/10316/22583/1/Tese_Jo ao%20Pedroso.pdf>Acesso em 22 de novembro de 2017.

REBOUÇAS, Gabriela Maia; CAFÉ, Alana Boa Morte. Gestão Judiciária ou Gestão de Conflitos. Um estudo sobre a implantação da mediação e da conciliação no Tribunal de Justiça de Sergipe. 2016. Disponível em: <http://periodicos.set.edu.br/index.php/direito/artide/view/346 7/1852>. Acesso em 13 dezembro 2017.

SANDER, Frank. Diálogo entre os professores Frank Sander e Mariana Hernandez Crespo: explorando a evolução do Tribunal Multiportas. Tribunal Multiportas: investindo no capital social para maximizar o sistema de solução de conflitos no Brasil /

Organizadores: Rafael Alves de Almeida, Tania Almeida, Mariana Hernandez Crespo. – Rio de Janeiro: Editora FGV, 2012

STORCH, Sami, reportagem <http://epoca.globo.com/vida/noticia/2014/12/consegui-b100-de-conciliacoesb-usando-uma-tecnica-terapeutica-alema-afirma-juiz-baiano.html> acesso em 22 de janeiro de 2015

TARTUCE, Fernanda; Normas e projetos de lei sobre mediação no Brasil. Revista do Advogado – AASP Ano XXXIV, nº 123. Coordenação Ana Luiza Távora Campi Barranco Dias. Ed. AASP. 2014.

WATANABE, Kazuo, Capítulo 3. Acesso à justiça e meios consensuais de solução de conflitos - Tribunal Multiportas: investindo no capital social para maximizar o sistema de solução de conflitos no Brasil. / Organizadores: Rafael Alves de Almeida, Tania Almeida, Mariana Hernandez Crespo. – Rio de Janeiro: Editora FGV, 2012 <https://bibliotecadigital.fgv.br/dspace/handle/10438/10361> Acesso em 20 de fevereiro de 2018

A ARTE DA HUMANIZAÇÃO: USO DE MEIOS ALTERNATIVOS NA RESOLUÇÃO DE CONFLITOS ENVOLVENDO ROUBO DE OBRAS DE ARTE NA SEGUNDA GUERRA MUNDIAL

ANA RAFAELA PESSOA ALCOFORADO
GUSTAVO TANOUSS DE MIRANDA MOREIRA

Introdução

A arte sempre esteve ligada a mecenas e financiadores. Após da arte-para-os-deuses antes do Renascimento, da arte-para-os-príncipes após a Idade Média e da arte-pela-arte, triunfa agora arte-para-o-mercado (Lipovetsky, 2015), de modo que a igreja e o estado foram, então, substituídos pelo mercado. São, assim, diversos os envolvidos nesse processo do mercado da arte, de artistas a vendedores, restauradores, colecionadores, galerias, museus e compradores. Durante alguns períodos, a relação entre o homem e a arte torna-se peculiar: trata-se de um mercado que, nos últimos 25 anos, viu um enorme crescimento de tamanho. Segundo o economista Dr. Clare McAndrew,[4] em um relatório publicado em 2012, neste ano, cerca de 56 bilhões de dólares em obras de arte foram vendidas por concessionárias e casas de leilão. Tal valorização econômica, que torna as obras de arte tão caras, não é surgimento do novo milênio – os *palazzos* italianos, repletos de pinturas, esculturas, e tapeçarias, eram mais que residências dos mecenas. Tinham, afinal, a finalidade de demonstrar o poder aquisitivo e econômico de tais famílias, não diferente da compra de arte de hoje que, para muitos dos novos ricos de hoje, também significa acesso a um estilo de vida glamoroso.

No entanto, ao longo dos séculos, essa valorização das obras de

---

[4] Disponível em: <http://www.bbc.com/culture/story/20130417-why-is-art-so-expensive>. Acesso em 07 de agosto de 2018.

arte não seguiu uma linha crescente. Durante Estados autoritários, os quais abusavam de sua soberania de modo a restringir tanto a propriedade privada material quanto a propriedade intelectual, a destruição e o furto de quadros não eram raros. No decurso da Alemanha Nazista, por exemplo, esse cenário foi amplamente testemunhado, gerando litígios que repercutem até os dias atuais, em reivindicações judiciais e extrajudiciais. O vínculo entre o Direito e a Arte tem, a partir daí, um de seus vieses onde se faz presente, como disserta Mamede *et al.* (2015):

Aos olhares dos iniciantes ou leigos, a relação entre direito e arte parece ser um vínculo de mera exterioridade: o direito, por suas próprias razoes, dá apenas a proteção dos direitos do autor da obra de arte e daquele que venha a adquiri-la, ou seja o proprietário de seus direitos patrimoniais. Ocorre que, além dessa relação de exterioridade, há uma intima e recôndita conexão entre direito e arte: das mesmas estruturas sociais advém a forma jurídica e a forma pela qual a arte e tomada historicamente.

Tem-se que, de fato, o conflito é um fenômeno natural à condição humana, se apresentando em todos os tipos de relações e em diversificados níveis. As pessoas se envolvem em conflitos porque seus interesses e valores são confrontados, ou ainda porque suas necessidades estão insatisfeitas, e o papel do judiciário é servir como terceiro imparcial para a resolução devida de tais litígios. E existem diversos desse conflito envolvendo a posse de obras de arte, especialmente os de herdeiros judeus, como a petição de devolução de 6 quadros de Gustave Klimt por Maria Altman perante a Áustria; o processo que envolve a restituição da obra Le Grand Pont de Gustave Courbet, acionado pelos herdeiros de Weinmann contra Herbert Schaefer e a galeria de arte da Universidade de Yale; e o caso da obra de Jan Van Scorel Madonna and Child with Wild Roses, requisitado pelos herdeiros de GrossEisenstadt, frente ao Conselho Municipal de Utrecht, na Holanda. A problemática presente no trabalho reside no questionamento de até que ponto a resolução por meio do aparato estatal é, de fato, a melhor alternativa para as partes em relação a conflitos envolvendo o roubo de obras de arte no período da Segunda Guerra Mundial, considerando os benefícios de mecanismos alternativos em tais situações.

A metodologia empregada neste trabalho foi precipuamente a

pesquisa bibliográfica, abrangendo não apenas o aprofundamento de textos doutrinários, mas, igualmente, a análise de precedentes judiciais, inclusive os provenientes de juízos transnacionais, com vistas a conceber a melhor visão prática possível no que tange a humanização de conflitos no mercado da arte por meio de mecanismos alternativos de composição. Assim, visando o objetivo de demonstrar a eficácia de meio extrajudiciais para tais conflitos, deu-se continuidade a discussões já iniciadas, todavia almejando o estabelecimento de novas conclusões a partir da observação de casos práticos – a exemplo da célebre disputa envolvendo o Klimt Retrato de Adele Bloch-Bauer I – e de importantes peças de informação jornalística, bem como de dados fornecidos por meio de sítios eletrônicos especializados em mercado da arte.

O roubo de obras de arte

Em 1907, aos dezoito anos de idade, Adolf Hitler decidira estudar na Academia de Belas Artes de Viena, deixando relutantemente sua mãe, a qual sofria de um câncer de mama, para morar na cidade em questão, evidenciando a paixão que tinha pelo meio artístico. Ao prestar o exame de admissão, foi, no entanto, rejeitado, com seus desenhos julgados insatisfatórios. O apreço por arte do jovem, no entanto, permanecera durante todo o curso de sua vida. Em 1º de setembro de 1939, o exército alemão invade a Polônia, iniciando a Segunda Guerra Mundial e, ao final dela, em maio de 1945, oficiais norte-americanos encontraram, em mina de sal da cidade de Altaussee, na Áustria, esculturas de mármore e pinturas – cerca de 6.755 delas, segundo a Folha de São Paulo –, além de livros, documentos antigos e móveis. Várias obras eram de autoria de grandes mestres, como Michelangelo, Henri Matisse e Vermeer.

Tal acontecimento se deu porque, durante a guerra, Hitler pretendia construir um gigantesco museu, o Museu do Fuhrer, ao qual se referenciou em seu testamento, em Linz, cidade austríaca onde passou sua infância – afinal, em suas ideologias, não apenas tinha interesse por unificar e "purificar" a "raça" ariana e formar o seu território "vital", através de conquistas espaciais. A fim de realizar esse objetivo, o ditador determinou o que seria arte para a cultura germânica-ariana, eliminando toda aquela que não se enquadrava nessa tipologia, a chamada arte "degenerada", que diziam estar influenciada pelo "perverso espírito judaico". Tais obras pertenciam principalmente ao movimento modernista e eram associadas normalmente aos judeus, por estes terem sido grandes mecenas de seus artistas contemporâneos. Os diretores dos museus pertencentes ao Terceiro Reich foram obrigados a desfazer-se de obras da família da "arte degenerada", produzidas pelos mais notáveis pintores da época, de Vincent Van Gogh a Pablo Picasso. Hitler, em discurso, pronunciou:

No tocante aos artistas degenerados, eu os proíbo de levar ao povo suas experiências". "Se eles veem campos azuis, é porque estão transtornados, deveriam ir para um hospício. Se só querem vê-los azuis, são criminosos e devem ser mandados para a prisão. Limparei a nação da presença deles e não permitirei que qualquer um participe de sua corrupção. O dia do castigo chegará. (em Munique, 1937, Forster; O'Connor, 2013)

Assim, as artes consideradas degeneradas tinham dois destinos, sendo ou destruídas ou guardadas em apreço silencioso nas casas e gabinetes particulares do alto comissariado alemão. E, ainda que muitos marcos alemães tenham sido empregados em compras e vendas de obras de arte na Europa, não era esse o principal meio do Exército alemão: espoliar e confiscar eram os métodos mais utilizados. Estima-se que o *Führer* tenha roubado mais de 750.000 obras de arte entre 1933 e 1945. Segundo Oliveira (2017):

Com o fim da II Guerra Mundial, foi ensejado um movimento dos países que sofreram ocupação nazista para recuperação das obras de arte saqueadas durante aquele período. Em 1998, compreendendo que existia uma dívida imensurável com as famílias vitimadas pelas atrocidades cometidas pelos nazistas, e sob uma nova visão acerca dos direitos humanos, o Parlamento da República da Áustria elaborou uma lei para restituir as obras que foram "arrancadas" das famílias austríacas.

Para roubar as obras, fossem elas quadros, esculturas, porcelanas ou antiguidades, as autoridades nazistas inventavam dívidas e atribuíam crimes fiscais aos grandes empresários judeu, de modo que milhares de obras valiosíssimas foram saqueadas, tendo como possíveis destinosa a destruição, o acervo particular das autoridades nazistas, o acervo do Museu do Fuhrer e a venda em leilões para se adquirir dinheiro a fim de manter o império nazista. Por outro lado, muitas obras saíram licitamente da propriedade de judeus que as venderam a fim de arrecadar o dinheiro necessário para sair de seus países dominados pelo nazismo. Em resultado, coleções de arte outrora pertencentes a judeus estão espalhadas, hoje, por todo mundo, de forma lícita ou não, devido à conjuntura da 2ª Guerra Mundial.

O caso mais célebre é o do *Retrato de Adele Bloch-Bauer I*, obra de Gustav Klimt, pintor conhecido como um dos maiores nomes da Academia de Belas Artes de Viena, mesma que reprovara o ditador nazista no início do século XX. Os Bloch-Bauer, em razão de sua origem judia, foram perseguidos e tiveram seus bens confiscados, dentre os quais a obra, e parte da família precisou deixar o país para fugir da guerra. Posteriormente, Maria Altmann, sobrinha de Adele, herdeira legítima de pertences de sua tia, constituiu advogado e ingressou em juízo para recuperar o acervo da família – pedido o qual fora negado. Ainda quando a questão foi reaberta na esfera administrativa, a comissão encarregada para analisar esses pedidos, em 1999, opinou contrariamente à devolução do quadro. Apenas após propor uma ação nos Estados Unidos contra a República da Áustria que, em 2004, Maria Altmann saiu vitoriosa.

Conflito semelhante ocorreu recentemente com o "Retrato de Greta Moll", pintado por Matisse, envolvendo a National Gallery de Londres, três netos de Greta Moll e 24,6 milhões de libras esterlinas, em 2016. Os netos alegavam que a pintura havia sido roubada da família pelos nazistas também durante o período da Segunda Guerra Mundial. No ano seguinte, no entanto, a National Gallery venceu a batalha judicial – a juíza Valerie Caproni declarou que o Ato de Imunidades Soberanas Estrangeiras não exigia o retorno da pintura. Além disso, casos como o da "Madonna and Child with Wild Roses", como a questão que envolve os 6 quadros de Klimt por Maria Altman perante a Áustria, foram levados a comitês estabelecidos com o mesmo propósito: a restituição de obras de arte que foram comprovadamente retiradas da posse de família judias, no período da 2ª Guerra Mundial, pelos nazistas.

O uso de mecanismos alternativos

São diversos os conflitos decorrentes dos confiscos de Adolf

Hitler, não se resumindo aos aqui exemplificados, e contando com variados atores do meio artístico, sejam entes públicos ou privados, pertencentes a diferentes jurisdições e contextos culturais, como os artistas, os críticos, galeristas, marchands, compradores, bem como os visitantes de galerias, museus e exposições, diretores de museus, companhias de seguro, livrarias, bancos, leiloeiras, grandes negociantes e Estados. Utilizar o meio judiciário para resolver esses casos gera, indiscutivelmente, exaustão para as partes, seja devido às dificuldades de mecanismos jurídicos internacionais para a resolução de conflitos no meio artístico seja diante da dificuldade de humanização das relações entre familiares do ente retratado na obra e o valor emocional da pintura em si, somada à morosidade característica do Judiciário – o caso do *Retrato de Adele Bloch-Bauer I*, por exemplo, prolongou-se por mais de uma década. Ademais, as querelas nesse mercado bilionário – estima-se que, em 2017, o mercado da arte movimentou 63,7 bilhões de dólares, conforme relatório publicado pelas suíças Art Basel e UBS, um aumento de 12% em relação a 2016 (FREEMAN, 2018), valor superior ao Produto Interno Bruto (PIB) da Costa Rica ou do Quênia – envelopam outrossim questões não-jurídicas, de ordem cultural, moral, ética, histórica, espiritual, comercial e natural.

A utilização de mecanismos extrajudiciais torna-se, assim, uma alternativa viável para a humanização dessas relações no mundo jurídico e no mundo da arte. Com efeito, é cada vez mais recorrente o fato de que as partes em conflito no mercado da arte, ao invés de submeterem essas matérias à apreciação do juízo estatal, preferem compô-las por meio de modos alternativos, numa espécie de Justiça privada, posto que exercida por particulares, todavia reconhecida e autorizada pelo Estado.

Existe uma variada gama de fatores que explicam por que o uso de mecanismos alternativos de resolução de conflitos pode apresentar maior eficiência na resolução de contendas no mercado da arte que as decisões litigiosas perante as jurisdições estatais e, nessa seara de atuação, o papel da Organização Mundial de Propriedade Intelectual (OMPI) merece relevo.

Firmada em 1970, a OMPI integra o sistema de agências especializadas da Organização das Nações Unidas, dedicando-se a garantir que os direitos dos detentores e criadores de propriedade intelectual sejam protegidos em esfera global, impulsionando a criatividade humana, ao mesmo tempo em que reconhece e tutela a genialidade da mente, enriquecendo a arte, a literatura e a tecnologia, e, em última análise, energizando o comércio internacional ao propiciar um ambiente estável ao mercado de produtos protegidos pela propriedade intelectual. Segundo o manual da OMPI *What is Intellectual Property?*, a referida organização, diante da crescente globalização do comércio e das rápidas inovações tecnológicas, tem um papel chave em auxiliar a evolução dos sistemas nacionais de proteção à propriedade intelectual de países nos quais aqueles são ainda incipientes, precisamente por meio de *"treaty negotiation; legal and technical assistance; and training in various forms, including in the area of enforcement"*, além de tornar a informação acerca dos benefícios fornecidos pela agência acessível a todos os atores sociais, públicos ou privados.

O Centro de Arbitragem e Mediação da OMPI, instituído em 1994, em Genebra, na Suíça, oferta mecanismos extrajudiciais de resolução de pendências (em inglês, métodos de *Alternative Dispute Resolution – ADR*) entre partes privadas no comércio internacional, quais sejam a arbitragem, a arbitragem acelerada, a mediação e o procedimento de *expertise* da OMPI. Com a complexidade, a especialização e a célere evolução das condições jurídicas, negociais e tecnológicas, viu-se ainda a importância de o Centro fornecer serviços de *ADR* visando a necessidades e interesses específicos das partes, dentre eles as disputas artísticas.

Com efeito, as contendas envolvendo a chamada *looted art* podem ser altamente beneficiadas por meio desses mecanismos. Como visto *supra*, ações judiciais são de alto custo e de longa duração. Nesse sentido, a OMPI afirma : *"Through ADR, the parties can agree to resolve in a single procedure a dispute involving intellectual property that is protected in a number of different countries, thereby avoiding the expense and complexity of multi-jurisdictional litigation, and the risk of inconsistent results"*. O manifesto desrespeito ao princípio da duração razoável do processo é, em última análise, uma violação à da dignidade da pessoa humana, princípio fundante da República Federativa do Brasil.

Para mais, em virtude do caráter internacional inerente às contendas que envolvem atores de jurisdições diversas, complicações de Direito Internacional Privado, em especial quanto à eleição da lei aplicável, podem vir à tona, *pari passu* a resultados inconsistentes e discrepantes. Quando da aplicação do direito estrangeiro pelo juiz nacional, os desafios se apresentam em demasia. Citam-se as questões de competência; da aplicação *ex officio* do direito alienígena; da necessidade de prova da lei estranha; da própria hermenêutica da norma internacional; da possibilidade da aplicação equivocada do direito externo e impasses quanto aos recursos cabíveis; e dos controles de constitucionalidade e convencionalidade. A doutrina privatista internacional também relaciona uma miríade de fatores que igualmente limitam a aplicação do direito estranho, e as disputas em mercado da arte, se assim forem submetidas ao crivo da jurisdição estatal, não se furtam a essas dificuldades. Tem-se, aqui, os elementos de direitos humanos e fundamentais, a ordem pública, as *lois de police* (normas de aplicação imediata ou imperativas), a fraude à lei, o princípio do melhor interesse ao negócio (princípio do *prélèvement* ou do *favor negotii*), o princípio da reciprocidade, o princípio da norma mais favorável e os casos em que a instituição jurídica prevista pela lei estrangeira é desconhecida do direito pátrio.

Os mecanismos alternativos também se beneficiam da neutralidade e da confidencialidade, o que permite que o impacto público de disputas que ameacem reputações pessoais, profissionais e comerciais seja, em grande parte, reduzido. As partes preferem que suas controvérsias sejam solucionadas por uma jurisdição neutra. Vêm as lições dos mestres da Sorbonne e da Paris-Saclay AUDIT, BOLLÉE e CALLÉ (2016, p. 653):

> Souvent, en effet, chacune des parties veut éviter que le litige se trouve soumis au juge du pays d'origine de son adversaire. Crainte de partialité, parfois ; crainte, plus fréquemment, d'une forme de rupture de l'égalité des armes au détriment de la partie qui devrait composer avec un environnement juridico-culturel (et éventuellement linguistique) inconnu pour elle, alors qu'il serait familier à l'autre partie.

Os procedimentos e resultados, em sua maioria, são mantidos em sigilo, um ponto crucial no mercado da arte internacional, em que a publicidade pode vir a se mostrar prejudicial, a menos que as partes, deliberadamente objetivando atrair atenção pública internacional, decidam pela publicidade dos ritos. HARTOG (2015) destaca que *"known disputes about attribution and provenance of a certain piece of art will almost always have a negative impact on its value, whatever the outcome".*

A autonomia das partes, igualmente, é um fator essencial, com os envolvidos podendo escolher a sede, o idioma dos ritos e a lei a eles aplicável, resultando daí soluções reciprocamente satisfatórias e de considerável celeridade. De acordo com Luigi Ferri (1959, p. 259), a autonomia da vontade consiste no poder que as partes de um negócio jurídico têm de regular o conteúdo das relações nele inseridas. André de Carvalho Ramos (2018, p. 396) lembra que, além de ser critério de conexão nas relações obrigacionais, "atualmente reconhece-se também a sua aplicação para fins de limitação e ampliação da jurisdição internacional e ainda para a definição da lei para regência de questões extracontratuais". Contemporaneamente, a autonomia da vontade ultrapassa a dimensão contratual, todavia não é completamente absoluta, nem é sempre, sem restrições, a escolha mais louvável. Nessa senda, os ensinamentos do Doutor e Livre-Docente do Direito Internacional Privado da Universidade de São Paulo calham bem, ressaltando, também, o *caráter humanizador da questão*:

Em todas as hipóteses de recurso à autonomia da vontade em matéria extracontratual, não é válida aquela manifestamente injusta para uma das partes. Na realidade das sociedades hipermóveis contemporâneas, a autonomia justifica-se pela conveniência do comércio internacional, o qual demanda maior previsibilidade nas obrigações das partes e maior eficiência econômica. Ao fundamento utilitarista da autonomia da vontade contratual, soma-se a necessidade de respeito às leis de ordem pública e às leis imperativas do foro. Não se olvida, contudo, que o dogma da autonomia da vontade favorece determinados atores econômicos privados, mas pode causar impactos negativos em determinados grupos, de modo que o *respeito aos direitos humanos* de todos os envolvidos deve ser utilizado como fundamento último para a aplicação da autonomia da vontade, quer como critério de conexão, quer como hipótese de eleição de foro. A autonomia da vontade depende, além da permissão estatal, do uso da gramática de direitos, que pode servir para corrigir assimetrias reais entre as partes, comprimindo a liberdade em favor da preferência a outros direitos, como a igualdade, o devido processo legal e a ampla defesa. (RAMOS, 2018, p. 416-7; grifos nossos)

De mais a mais, a solução de uma controvérsia em torno da arte requer conhecimentos técnico e jurídico de alta especificidade, abrangendo extensa variedade de matérias, o que leva as partes a escolher um árbitro ou mediador que detenha as qualificações necessárias para compor a disputa, o que um juiz nacional, via de regra, não possui, sem, contudo, negligenciar as particularidades culturais em disputa. De fato, são inúmeras as dificuldades que o juiz nacional enfrenta na aplicação do direito estrangeiro, sejam elas desafios de interpretação, de linguística ou de conhecimento do real significado de uma norma alienígena. Valerio de Oliveira Mazzuoli (2017, p. 189-190, 245), nessa esteira, explicita:

> Não há dúvidas de que o juiz conhece melhor o *seu* direito (direito interno; direito nacional) e que há certa dificuldade de investigar direito estranho, ainda quando domine vários idiomas e tenha às mãos legislação, jurisprudência e bibliografia estrangeiras; é sempre mais difícil, senão mais duvidoso, para o magistrado, o conhecimento profundo de ordem jurídica que não a sua, com a qual lida diuturnamente e acompanha as alterações legislativas. Tal, como se nota, pode levar o juiz à sensação de nunca haver dado sentença justa, perfeita, estritamente conforme a legislação estrangeira de que se trata.

Quanto aos efeitos jurídicos das decisões em sede de mecanismos extrajudiciais de solução, deu-se, aqui, enfoque especial às sentenças arbitrais, perante seu caráter paradigmático nas decisões alternativas de conflitos. AUDIT, BOLLÉE e CALLÉ (2016, p. 651) delineiam uma comparação explicativa entre alguns desses mecanismos:

> Certains de ces modes alternatifs de règlement des conflits visent à rapprocher les points de vue des parties et à leur permettre de conclure un accord amiable, notamment une transaction ; il en est ainsi de la médiation et de la conciliation. L'arbitrage, en revanche, présente la particularité de faire intervenir un tiers (« l'arbitre ») ou plusieurs (on parle alors de « tribunal arbitral »), chargé(s) de rendre une décision (dite « sentence arbitrale ») qui s'imposera aux parties. Du fait de cette particularité, l'arbitrage présente, sur le plan de l'efficacité, des garanties bien supérieures à celles de la médiation ou de la conciliation, dont l'issue reste tributaire du bon vouloir de chacune des parties.

Consoante a AUDIT, BOLLÉE e CALLÉ (2016, p. 652), *"les arbitres exercent un véritable pouvoir juridictionnel [...] et [...] leur sentence, si elle remplit certaines conditions, se verra reconnaître les mêmes effets qu'un jugement étatique (l'autorité de chose jugée et la force exécutoire, notamment)."* Importa igualmente destacar que a Convenção das Nações Unidas sobre o Reconhecimento e a Execução de Sentenças Arbitrais de 1958, conhecida como Convenção de Nova York, que entrou em vigor no Brasil em julho de 2002, permite, como evidenciado pela própria nomenclatura, o reconhecimento e a execução de sentenças arbitrais além-fronteiras, sem que a revisão de mérito se faça necessária, o que incentiva a levar as disputas à arbitragem. Vale a pena transcrever as observações dos professores parisienses acerca das vantagens do recurso à arbitragem:

> L'arbitrage se présente [...] comme un mode de résolution des litiges particulièrement attrayant : la volonté des parties y a largement sa part, sans que son efficacité risque a priori d'être moindre que celle de la justice administrée par un État. Quant à ce dernier point, on ajoutera même que la circulation internationale des sentences arbitrales peut être plus aisée que celle des jugements étatiques ; en effet, alors que certains pays persistent dans une attitude d'hostilité ou au moins de très grande réserve à l'égard de la reconnaissance des jugements étrangers, l'immense succès de la Convention de New York du 19 juin 1958 pour la reconnaissance et l'exécution des sentences arbitrales étrangères permet généralement aux sentences de ne pas se heurter à un tel obstacle. (AUDIT; BOLLÉE; CALLÉ; 2016, p. 652)

Apesar disso, não será sempre o recurso a esses modos alternativos a melhor opção. Dois simples exemplos demonstram o que aqui se afirma: sendo mecanismos como esses consensuais, amigáveis e cooperativos, se uma das partes não está disposta a colaborar para com o sucesso dos procedimentos, melhor será a jurisdição estatal; o mesmo quando uma parte pretende o estabelecimento de um precedente judicial, ao invés de uma sentença restritiva a uma disputa específica, ou que seus direitos sejam esclarecidos em juízo.

Conclusões

Verifica-se, diante do exposto, a existente problemática da dispersão de obras de arte no sistema jurídico internacional como um todo, com grande parcela decorrente da 2ª Guerra Mundial e os litígios provocados pelos herdeiros de seus donos originais em restituí-las – afinal, mais que valor econômico, vários desses quadros dizem respeito a um inaferível valor sentimental, com alguns sendo, até mesmo, retratos de entes queridos. A resolução por meio de mecanismos jurídicos internacionais resulta em uma desumanização e morosidade em todo o processo de restituição (ou não) da obra em questão

É essencial que os atores partes de disputas em torno da arte reconheçam os benefícios oferecidos pelos mecanismos alternativos de composição de conflitos, para que optem pelo método mais adequado a seus interesses, todavia concomitantemente, capaz de resolver as querelas em questão da forma mais humanizada e respeitosa à dignidade da pessoa humana possível. A chamada *due diligence* deve ser igualmente exaltada, para que indícios de atividades suspeitas de corrupção não sejam sufocadas pelo próprio mercado, que depende de controles externo e interno para que tenha validade legítima e não esteja fadado ao fracasso.

Referências

ARTHEMIS, University of Geneva's Art-Law Centre. Le Grand Pont - Weinmann Herdeiros e Yale University Art Gallery. Disponível em <https://plone.unige.ch/artadr/cases-affaires/le-grand-pont-2013-weinmann-heirs-and-yale-university-artgallery> Acesso em: Acesso em: 3 agosto de 2018.

ARTHEMIS, University of Geneva's Art-Law Centre. Madonna and Child with Wild Roses – Gross-Eisenstadt Heirs and Utrecht City Council. Disponível em <https://plone.unige.ch/art-adr/cases-affaires/madonna-and-child-with-wild-roses2013-gross-eisenstadt-heirs-and-utrecht-city-council> Acesso em: Acesso em: 3 agosto de 2018.

ARTHEMIS, University of Geneva's Art-Law Centre. Six Klimt paintings – MariaAltmann and Austria. Disponível em < https://plone.unige.ch/art-adr/cases-affaires/6-klimt-paintings-

2013-maria-altmann-and-austria?searchterm=klimt> Acesso em: 3 agosto de 2018.

AUDIT, Mathias; BOLLÉE, Sylvain; CALLÉ, Pierre. Droit du commerce international et des investissements étrangers. Issy-les-Moulineaux: LGDJ, 2ᵉ édition. 2016.

FIGUEIREDO, Gabriela P. Brito de. Restituição de bens culturais: uma análise jurídica sobre a aquisição de obras de arte pelo MASP no período pós-guerra. Disponível em: < http://seer.rdl.org.br/index.php/anacidil/article/viewFile/281/pd f>. Acesso em 7 de agosto de 2018.

FERRI, Luigi. L'autonomia privata. Milano: Giuffrè, 1959.

FREEMAN, Nate. The Art Market Grew to $63.7 Billion in 2017, and Other Key Takeaways from Art Basel Report. Artsy, [s.l.], 13 mar. 2018. Disponível em: <https://bit.ly/2xvUeA8>. Acesso em: 18 maio 2018.

HARTOG, Stephan den. The Use of Alternative Dispute Resolution in Art Related Disputes. Kluwer Arbitration Blog, [s.l.], 23 out. 2015. Disponível em: <http://arbitrationblog.kluwerarbitration.com/2015/10/23/the-use-of-alternative-dispute-resolution-in-art-related-disputes>. Acesso em: 15 mar. 2017

HENDERSON, Barney. National Gallery wins legal battle over Henri Matisse's Portrait of Greta Moll. Disponível em: <https://bit.ly/2xvUK12>. Acesso em 10 de maio de 2018.

LIPOVETSKY. G. & SERROY, J. A estetização do mundo: viver na era do capitalismo artista. São Paulo: Companhia das Letras, 2015.

MACHADO, Cassiano Elek. Hitler e a poderosa engrenagem nazista de saquear obras de arte. Disponível em: <https://bit.ly/1rGJ4AM>. Acesso em 16 de maio de 2018.

MAMEDE, Gladston; FRANCA FILHO, Marcilio Toscano; RODRIGUES JUNIOR, Otavio Luiz. Direito da Arte. São Paulo: Editora Atlas, 2015.

MAZZUOLI, Valerio de Oliveira. Curso de direito internacional privado. 2ª ed. São Paulo: Forense, 2017.

NUZA, Darli; SANTOS, Fátima A. dos. Arte e tecnologia como subversão no mercado da arte. Anais do 15º Encontro Internacional de Arte e Tecnologia de Brasília. Brasil: Universidade de Brasília, 2016.

O'CONNOR, Anne-Marrie. A Dama Dourada. Rio de Janeiro: José Olympio, 2013

OLIVEIRA, Alana Lima de; DUARTE, Loriene A. Dourado. Aproximações Teóricas entre o Direito e a Sétima Arte: uma análise do filme A Dama Dourada a partir da teoria dos direitos fundamentais. Anais do V CIDIL - Justiça, Poder e Corrupção. Brasil: RDL, 2017.

RAMOS, André de Carvalho. Curso de direito internacional privado. São Paulo: Saraiva, 2018.

RODRIGUES JUNIOR, Otavio Luiz. O quadro de US$ 135 milhões e a sua história judicial. Disponível em: < https://bit.ly/2JhSyyY>. Acesso em 13 de maio de 2018.

SUPREME COURT OF THE UNITED STATES. Republic of Austria v. Altman, 541 U.S. 677. DJ: 07/07/2004. JUSTIA, 2004. Disponível em: <https://supreme.justia.com/cases/federal/us/541/677/>. Acesso em 16 de maio de 2018

WORLD INTELLECTUAL PROPERTY ORGANIZATION. ADR Advantages. Geneva. Disponível em: <http://www.wipo.int/amc/en/center/advantages.html>. Acesso em: 13 mar. 2017

WORLD INTELLECTUAL PROPERTY ORGANIZATION. *What is Intellectual Property?* Geneva: WIPO. WIPO Publication No. 450(E)

DOS CONFLITOS POSSESSÓRIOS QUE ABRANGEM A ADMINISTRAÇÃO PÚBLICA: UMA BUSCA PELA CELERIDADE E DIGNIDADE ATRAVÉS DA AUTOCOMPOSIÇÃO

ANTONIO ALVES DE VASCONCELOS FILHO
ELVIRA PINHEIRO MACÊDO

Introdução

Os conflitos sociais envolvendo questões possessórias são a regra no desenvolvimento das cidades brasileiras, as tensões entre particulares, assim como as ocupações de prédios públicos, fazem parte da realidade a qual vivenciamos. Neste ponto, a possibilidade trazida pelo Novo Código de Processo Civil e as inovações da lei de mediação coadunam-se para uma melhor perspectiva de abordagem nos conflitos possessórios coletivos.

O seguinte trabalho visa analisar a possibilidade da mediação nesses conflitos envolvendo o poder público, a previsão jurídica, a situação fática e os diversos institutos jurídicos envolvidos na seara abordada. A abordagem qualitativa foi a utilizada na formação e pesquisa do trabalho que segue, buscando, de forma crítica, analisar a situação referenciada, seja na doutrina ou jurisprudência, utilizando-se do referencial teórico e bibliográfico para o expediente ora apresentado.

Vislumbramos a possibilidade e efetividade da mediação para a contenção de maiores disgressões, relacionadas à disputa possessória, tanto no âmbito particular quanto da atuação estatal. Nesta concepção, a mediação como forma de estabelecer a solução mais acertada ao conflito faz jus à efetivação de meios alternativos de acesso à justiça.

O direito à cidade deve ser obsevado nesta questão na medida em que critica a visão mercadológica do desenvolvimento urbano e chama atenção para um dos direitos humanos mais negligenciados, que é o direito à moradia. A possibilidade de medidas alternativas à judicialização faz com que o diálogo e a inovação possam influenciar o poder público na busca por uma melhor determinação de seu papel.

Neste sentido, busca-se analisar a possibilidade da utilização dos meios alternativos de composição para a melhor solução de enfretamentos decorrentes de questões possessórias nas cidades, contabilizando o dever do Estado para com sua população na busca das melhores medidas a serem efetivadas.

Disposições normativas e a possibilidade jurídica

A lei da mediação é a Lei nº 13.140 de 26 de junho de 2015 que, além de dispor sobre a mediação entre os particulares, também dispõe sobre a autocomposição quando uma das partes envolvidas é a Administração Pública. Aquela lei não foi o primeiro conjunto de normas a versar sobre mediação e conciliação. A Resolução nº 125 de 29/11/2010 do CNJ, que instituiu a necessidade de criação de centro de resolução de conflitos dentro dos tribunais, ou seja, a mediação judicial, determina em seu artigo 1º:

> Art. 1º Fica instituída a Política Judiciária Nacional de tratamento dos conflitos de interesses, tendente a assegurar a todos o direito à solução dos conflitos por meios adequados à sua natureza e peculiaridade. (CNJ, 2010)

Assim, temos que a resolução do CNJ, tal qual o novo Código de Processo Civil, versa apenas sobre a mediação judicial, tornando a Lei 13.140/2015 um pouco mais abrangente. Em que pese a mediação no Novo Código de Processo Civil, é reconhecida a necessidade da sua realização apenas para ações possessórias de rito comum (força velha), mas não para as possessórias de rito especial (força nova), em que a liminar pode ser apreciada sem a realização de qualquer tentativa de autocomposição prévia, de acordo com o que preconizam os artigos 554 e 565 do referido código.

Percebemos, então, a importância de toda a legislação que visa à garantia de um meio de resolução de conflitos sem que haja a necessidade de passar por todas as etapas de um processo, durante o qual não existe o mínimo de comunicação entre as partes e sem que elas possam se expressar verbalmente.

Os tribunais estão abarrotados com processos que demoram anos para haver uma decisão definitiva, sem contar que uma forma alternativa de resolver conflitos é mais benéfica para ambas as partes, haja vista a solução encontrada ser um meio termo na qual os dois lados alcancem, pelo menos em parte, o que almejam.

A mediação na Administração Pública

A Associação dos Magistrados Brasileiros (AMB, 2015) fez um estudo intitulado "O uso da Justiça e o litígio no Brasil" visando apontar os maiores litigantes no território nacional e, para isso, sistematizou e analisou dados coletados em Tribunais de Justiça de 11 (onze) unidades federativas: Bahia, Distrito Federal, Espírito Santo, Mato Grosso do Sul, Paraíba, Rio de Janeiro, Rio Grande do Sul, Rondônia, Santa Catarina, São Paulo e Sergipe. No topo do ranking estão o poder público (municipal, estadual e federal), bancos e instituições de crédito. A pesquisa foi coordenada pela Cientista Política e professora Maria Tereza Sadek.

A Paraíba, é um dos três Estados, junto com o Rio Grande do Sul e São Paulo, em que a administração pública figura em mais processos no segundo grau de jurisdição e no primeiro grau só perde para as instituições financeiras.

Grande parte destes processos nos quais a Administração Pública figura como polo ativo ou passivo tem a possibilidade de acordo diante de formas alternativas de resolução de conflitos e, inclusive, a Lei da Mediação prevê a criação de câmaras de mediação nesse âmbito, vejamos:

Art. 32. A União, os Estados, o Distrito Federal e os Municípios poderão criar câmaras de prevenção e resolução administrativa de conflitos, no âmbito dos respectivos órgãos da Advocacia Pública, onde houver, com competência para:

I - dirimir conflitos entre órgãos e entidades da administração pública;

II - avaliar a admissibilidade dos pedidos de resolução de conflitos, por meio de composição, no caso de controvérsia entre particular e pessoa jurídica de direito público;

III - promover, quando couber, a celebração de termo de ajustamento de conduta.

Ainda, o ente federativo que se dispuser a criar tal câmara, deve regulamentar sua composição e seu funcionamento. Na Paraíba, a tendência é que os juízes deixem de designar audiência de mediação e conciliação porque o ente público se manifesta contra este ato. As demandas nas quais a Administração Pública figura, como mostrado na pesquisa citada acima, são extremamente numerosas e parece haver uma relutância para aderir a essas formas de autocomposição.

Algumas áreas na Administração Pública nos parecem ser mais propensas à possibilidade de integração da mediação, como é o caso de ações possessórias, seja de desapropriação ou, principalmente, aquelas com cunho social mais expressivo e que se mostram bastante problemáticas e de difícil resolução, como é o caso das invasões de áreas públicas por famílias que não tem onde se estabelecer. Este último tópico é o foco deste trabalho e será visto adiante.

Da mediação nas ações de reintegração de posse decorrentes de ocupações coletivas que envolvem a Administração Pública

Temos como o foco deste trabalho a mediação na Administração Pública, mais especificamente em relação aos conflitos possessórios decorrentes de invasões coletivas às propriedades públicas. Como lidar com uma ação de reintegração de posse na qual há liminar de deferimento em favor da Administração Pública, mas o número de pessoas e famílias no local é tão grande que não há como efetivar essa medida? Neste caso, o uso do poder de polícia se torna completamente inadequado e inviável em decorrência do problema social enfatizado na disputa. Como realocar estas pessoas? Não se pode retirá-las sem que haja aonde levá-las, porquanto há princípios constitucionais que precisam ser seguidos, principalmente pela Administração, a exemplo da dignidade da pessoa humana e do direito social à moradia.

A maioria dos grupos que invadem áreas ou prédios públicos, seja para estabelecer moradia ou exigir algum direito, tem necessidade de alguma providência.   No geral, estes são conflitos possessórios transitórios, nos quais há a exigência de um direito específico e não de estabelecer moradia pura e simples. O uso de poder de polícia complica demasiadamente estas situações que poderiam ser resolvidas através de negociações com os líderes dos movimentos, o que raramente acontece na prática.

Já nos casos daqueles que estabelecem moradia, é mais complicado lidar com o conflito de reintegração porque, pela intenção expressa, chegar a um acordo que agrade ambos os lados são mais complicados. Porém, a mediação também se mostra imprescindível. Se no primeiro caso já era necessária, agora se torna essencial.

Como exemplo prático, temos uma situação de difícil deslinde que ocorreu no Estado do Rio Grande do Norte em 2014. Casas do programa "Minha casa, Minha vida" estavam sendo ocupadas de maneira irregular por 40 famílias no município de Paço Branco. Já havia liminar de reintegração de posse em favor do município há 30 dias, mas não havia sido efetivada. A repercussão do caso foi enorme, o que ensejou audiências de mediação entre as famílias e o poder público, através da defensoria pública.

Não havendo a possibilidade de tirar essas pessoas de lá sem sequer ter onde colocá-las, após bastantes discussões e análise, foi assegurada, a todas as famílias, a abertura de cadastro para inclusão em programas habitacionais e o pronto atendimento a núcleos familiares compostos por crianças e adolescentes.

Além disso, ficou consignada a possibilidade de concessão de um aluguel social por parte do Município. A audiência contou com a presença do juiz titular da Comarca, além do representante do Ministério Público e do Prefeito do Município de Poço Branco.

Outro caso de extrema relevância para a temática é o caso do Edifício Wilton Paes de Almeida, no Largo do Paissandu – SP, de acordo com as notícias nos principais jornais e *sites* do Brasil, o Edifício, que se encontrava no centro de São Paulo, abrigava 150 famílias (PRÉDIO DESABA..., 2018), as quais foram cadastradas pela Secretaria de Habitação do Município durante as tentativas de mediar a desocupação do imóvel visando à reintegração de posse por parte do Município. (POLÍCIA CONTABILIZA..., 2018) Estima-se, inclusive, que há 70 prédios em situação semelhante em SP. (PREFEITO..., 2018)

Surgiu a controvérsia em relação à responsabilidade do imóvel. Inicialmente pertencente à União, após a primeira reintegração de posse, que ocorreu entre 2015 e 2017, houve um suposto acordo entre a prefeitura de São Paulo e a União para que a prefeitura ficasse responsável pelos acordos, com as famílias que estavam ocupando o prédio, para que a reintegração de posse fosse possível. (DE QUEM..., 2018)

Um dos maiores problemas para a concretização do objetivo através da mediação e arbitragem, o qual seria a retirada das famílias do local, era que não havia, aparentemente, uma contrapartida efetiva e satisfatória por parte do município. As famílias não queriam ficar em abrigos e não havia outro local para realocá-las. Os meios autocompositivos de resolução de conflitos requerem certo tempo para que haja uma comunicação efetiva entre as partes e seja possível, assim, alcançar uma solução que ambos os lados se satisfaçam.

As maiores barreiras para concretizar a mediação e a arbitragem, na Administração Pública, como uma forma realmente eficaz reside primordialmente na burocracia dos atos administrativos e na política, que não permitem uma atuação mais livre por parte dos mediadores e árbitros. A Administração Pública, na maioria das vezes, pretende apenas impor uma solução sem aceitar as contrapartidas que precisa ceder e isso impossibilita a evolução da problemática para que se dê a resolução do conflito.

Independentemente da responsabilidade pelos acordos a serem realizados com as famílias, é obrigação do Estado de cuidar daqueles que nele residem e dar dignidade e moradia aos seus cidadãos. A mediação e a arbitragem são formas interessantes de lidar com esse tipo de conflito, porque permite ao Estado buscar soluções que não deixe as pessoas em desamparo, mas como já dito, é necessário que haja uma contrapartida eficaz e real por parte da Administração Pública para dar efetividade a esses meios. (SENRA, 2018)

O poder público, balizado pela constituição federal, tem o dever de proporcionar o mínimo de dignidade para todas as pessoas, além de resguardar os direitos da criança, do adolescente e do idoso. É diante disso que se funda a necessidade de análise de cada caso, buscando a melhor solução para cada conflito.

Baseando-se puramente na legislação civil, a reintegração de posse é direito inerente ao dono da coisa, mas há princípios constitucionais, norteadores da viabilização da dignidade humana, que limitam e guiam o desenvolvimento de todos os processos. E esses princípios são ainda mais expressivos no que tange à Administração Pública, que tem como dever garanti-los a todos os cidadãos.

Em todo processo e toda problemática que envolve duas partes (um polo passivo e um ativo), direitos e deveres se chocam, não devendo um ser negado em detrimento do outro. Por isso, há a necessidade de se chegar a uma melhor solução que pode ser alcançada através da mediação e da conciliação.

Conflitos possessórios e institutos correlacionados

A problemática do acesso racional à terra na zona rural e da moradia digna no ambiente urbano ainda é um obstáculo para a concretização das diferentes dimensões de direitos humanos. Hodiernamente, não basta declararmos direitos ou meramente fixar limites à atuação do Estado, como bem expõe Noberto Bobbio (2004, p. 22): "o importante não é fundamentar os direitos do homem, mas protegê-los." Ou seja, a busca por um fundamento absoluto não é satisfatória, o desafio constante é a efetivação de tais direitos. Para a proteção desses, sua incidência em interelações geracionais privadas também se faz necessária.

Tensões relativas à propriedade privada fazem parte da história e da realidade brasileira, a Constituição Federal de 1988 trouxe uma nova dinâmica ao prever a função social da propriedade, estabelecendo assim limites a uma possível interpretação absoluta deste direito.

Os conflitos coletivos relativos à posse de determinado imóvel trazem consigo uma gama de manifestações e disputas que, por muitas vezes, levam à violência e graves celeumas para os envolvidos, sejam esses os ocupantes do imóvel ou o proprietário. Dessarte, a possibilidade do diálogo na mediação como intermédio dessas tensões pode ser um verdadeiro avanço na abordagem da questão.

Ao tratarmos especificamente do ambiente urbano e seus desafios, faz se mister trazer ao debate, preliminarmente, o ideário do direito à cidade. Este conceito desenvolvido pelo filósofo francês Henri Lefebvre (2001) lança e constroi uma crítica à mera lógica de mercado no desenvolvimento das cidades, trazendo consigo a necessidade de as cidades serem ambientes propícios ao desenvolvimento humano nas suas mais diversas vertentes.

Neste sentido, David Harvey evoca a indispensabilidade de tal conceito para analisar a realidade social desempenhada pelo próprio espaço urbano. Verbaliza o autor supracitado:

A questão de que tipo de cidade queremos não pode ser divorciada do tipo de laços sociais, relação com a natureza, estilos de vida, tecnologias e valores estéticos desejamos. O direito à cidade está muito longe da liberdade individual de acesso a recursos urbanos: é o direito de mudar a nós mesmos pela mudança da cidade. Além disso, é um direito comum antes de individual já que esta transformação depende inevitavelmente do exercício de um poder coletivo de moldar o processo de urbanização. A liberdade de construir e reconstruir a cidade e a nós mesmos é, como procuro argumentar, um dos mais preciosos e negligenciados direitos humanos. (HARVEY, 2008. Tradução por Jair Pinheiro, professor da FFC/UNESP/ Marília)

Portanto, ao tratarmos do direito à cidade avançamos em um debate que vai além do formalismo legal e abarca fatos do mundo do ser, refere-se a toda uma construção sociológica em torno de como interagem os sujeitos em relação ao processo civilizatório de urbanização pautado nos moldes do sistema real vigente.

Retornando ao cerne da questão, nos conflitos coletivos urbanos de posse é visível a contraposição de bens jurídicos tutelados e resguardados pelo nosso ordenamento, seja o direito social à moradia previsto no caput do artigo 6º da Constituição Federal, ou ainda o direito à propriedade privada.

O direito de propriedade e os bens públicos

O direito de propriedade é um dos clássicos fundamentos de nossa sociedade capitalista moderna, é sob seu crivo, que os indivíduos estabelecem suas relações interpessoais e fundamentalmente perpassam os seus caracteres econômicos perante gerações. Tradicionalmente, por ser considerado a própria emanação do direito individual em sua excelência, o individualismo presente nos valores liberais dimensionava tal direito como praticamente absoluto.

Com o advento de novas concepções e a evolução social-econômica praticada com o movimento neoconstitucional pós-guerras mundiais, o direito de propriedade passou a ser balizado por outros institutos tão importantes quanto, no que restou reconhecido como a necessidade da função social da propriedade. No Brasil, com o advento da constituição cidadã de 1988, a previsão do direito fundamental à propriedade veio gravada de inerente aspecto social como já bem demonstrou o Supremo Tribunal Federal:

> O direito de propriedade não se reveste de caráter absoluto, eis que, sobre ele, pesa grave hipoteca social, a significar que, descumprida a função social que lhe é inerente (CF, art. 5.º, XXIII), legitimar-se-á a intervenção estatal na esfera dominial privada, observados, contudo, para esse efeito, os limites, as formas e os procedimentos fixados na própria Constituição da República. O acesso à terra, a solução dos conflitos sociais, o aproveitamento racional e adequado do imóvel rural, a utilização apropriada dos recursos naturais disponíveis e a preservação do meio ambiente constituem elementos de realização da função social da propriedade (STF, 2002).

A consideração ao aspecto social não determina o fim da disposição da propriedade pelo particular nem justifica a turbação e esbulho da posse, apenas estabelece parâmetros contra a possibilidade de abusos serem realizados pelos indivíduos detentores de tal direito.

Já no ambiente do direito público, nos conflitos relativos à posse envolvendo a Administração Pública temos, apesar das limitações reconhecidas para transigir que permeiam a Administração, a possibilidade de uma mediação pautada no cumprimento imediato de medidas emergenciais ou ainda no desenvolvimento de políticas públicas relativas à questão que se impõe.

No caso dos conflitos envolvendo o poder público, primeiramente é necessário conceituar os chamados bens públicos, que segundo Carvalho Filho são:

> todos aqueles que, de qualquer natureza e a qualquer título, pertençam às pessoas jurídicas de direito público, sejam elas federativas, como a União, os Estados, o Distrito Federal e os Municípios, sejam da Administração descentralizada, como as autarquias, nestas incluindo-se as fundações de direito público e as associações públicas. (CARVALHO FILHO, 2012)

Remetemos também às características inerentes aos bens públicos, dentre as quais, a que mais nos requer a atenção no cotejo com a temática é a chamada imprescritibilidade que seguindo as melhores considerações de Matheus Carvalho:

> trata-se da prescrição aquisitiva (usucapião) e sua inoponibilidade ao Poder Público. Nesse sentido, *os* bens públicos não podem ser adquiridos pela posse mansa e pacífica por determinado espaço de tempo continuado, nos moldes da legislação civil. Importante salientar que a imprescritibilidade atinge inclusive os bens não afetados, não sendo estes, também, passíveis de usucapião. Sendo assim, a posse mansa e pacífica de particulares sobre bens públicos, por 15 anos ininterruptos e sem oposição do ente estatal, não ensejam a aquisição da propriedade por usucapião. (CARVALHO, 2017, p.1095)

Ciente do exposto, temos que a mediação envolvendo conflitos coletivos possessórios onde surge o poder público como uma das partes, permite através da mediação uma solução menos danosa, mais saudável e coerente com a ordem constitucional ao utilizarmos os meios de composição para evitar através de prévia tentativa que conflitos coletivos pela posse do imóvel sejam resolvidos exclusivamente pelo Poder Judiciário, que acabam exteriorizando-se através da força coercitiva, permitindo que as partes em litígio possam, de comum acordo, deliberar sobre a possível desocupação da área, inclusive estabelecendo calendário de desocupação, possível realocação ou, ainda, o desenvolvimento de alguma política pública efetiva.

Considerações finais

Apresentada a temática e suas questões incidentes, percebemos que há espaço para a mediação nas condições referidas ao longo deste trabalho. Em razão da sensibilidade dos institutos envolvidos e das questões práticas, a mediação se impõe como uma via alternativa que pode resguardar direitos de ambas as partes presentes no conflito possessório.

A Constituição Federal de 1988 trouxe em seu artigo 1º, inciso III, a dignidade humana como um dos fundamentos da República Federativa do Brasil, sendo a dignidade da pessoa humana o principio basilar norteador de nossa ordem constitucional e, percebendo que seu desenvolvimento se dá também através de medidas positivas na garantia do chamado mínimo existencial, a mediação abre portas para o tratamento da problemática de forma transversal, evitando o formalismo e a verticalização do judiciário.

Esta referida forma transversal permite, inclusive, à Administração Pública, transigir e projetar melhores condições para a coletividade envolvida no ambiente urbano que reflete as disputas pela posse de determinado imóvel. Sendo assim, o conflito possessório passa a ter uma chance de resolução fora da coerção última que está caracterizado.

Portanto, esposamos a ideia de que nos conflitos coletivos possessórios a mediação pode ser o elemento apaziguador de tensões, vislumbrando o caminho para o desenvolvimento de medidas alternativas para a resolução da lide.

Referências

AMB. O uso da justiça e o litígio no Brasil. Disponível em: <http://www.amb.com.br/amb-lanca-pesquisa-inedita-sobre-o-uso-da-justica-e-a-concentracao-do-litigio-no-brasil/> Acesso em: 04 jul. 2018

BOBBIO, Norberto. A Era dos Direitos. Tradução de Carlos Nelson Coutinho. Rio de Janeiro, 2004.

BRASIL, CNJ. Manual de Mediação Judicial. 2016. Disponível em: <http://www.cnj.jus.br/files/conteudo/arquivo/2016/07/f247f5c e60df2774c59d6e2dddbfec54.pdf> Acesso em: 02 jul. 2018

BRASIL. Lei nº 13.140, de 26 de junho de 2015. Brasília, DF. 2015. Disponível em: <http://www.planalto.gov.br/ccivil_03/_ato2015-2018/2015/Lei/L13140.htm> Acesso em: 05 jul.2018

BRASIL. STF, ADI 2.213-MC, Rel. Min. Celso de Mello, j.04.04.2002, *DJ* 23.04.2004.

CARVALHO FILHO, José dos Santos. Manual de Direito Administrativo. Rio de Janeiro: Lumen Juris, 2ª ed. 2012.

CARVALHO, Matheus. Manual de direito administrativo. 4. ed. rev. ampl. e atual. - Salvador: JusPODIVM, 2017.

DE QUEM ERA A RESPONSABILIDADE LEGAL SOBRE O PRÉDIO QUE DESABOU EM SP?. Carta Capital. Disponível em:< https://www.cartacapital.com.br/politica/de-quem-era-a-responsabilidade-sobre-o-predio-que-desabou> Acesso em: 08.set.2018

GAJARDONI DA FONSECA, Fernando. Os conflitos coletivos pela posse de imóveis no novo CPC. Disponível em: <https://jota.info/colunas/novo-cpc/os-conflitos-coletivos-pela-posse-de-imoveis-no-novo-cpc-04072016> Acesso em: 05 jul.2018

HARVEY, David. The right to the city. New Left Review, n. 53, 2008. Tradução: Jair Pinheiro.

LACERDA, Marina. As ações possessórias coletivas no novo CPC. Disponível em: <http://domtotal.com/noticias/detalhes.php?notId=874361> Acesso em: 05 jul.2018

LEFEBVRE, Henri. O direito à cidade. São Paulo, SP: Centauro, 2001.

PASQUALIN, Roberto. Mediação na administração pública é alternativa para o Estado. Disponível em: <https://jota.info/artigos/mediacao-na-administracao-publica-e-alternativa-para-o-estado-09102015> Acesso em: 04 jul. 2018

POLÍCIA CONTABILIZA 9 VÍTIMAS DE DESABAMENTO DE EDIFÍCIO EM SP; QUATRO FORAM IDENTIFICADAS.

BBC Brasil. Disponível em:< https://www.bbc.com/portuguese/brasil-43963449> Acesso em: 06 set. 2018

PONTIFÍCIA UNIVERSIDADE CATÓLICA DE SÃO PAULO. Série Pensando o Direito: Conflitos Coletivos sobre a posse e propriedade de bens imóveis. Disponível em:<http://pensando.mj.gov.br/wpcontent/uploads/2015/07/07 Pensando_Direito3.pdf> Acesso em : 06 jul. 2018

PRÉDIO DESABA APÓS INCÊNDIO NO CENTRO DE SÃO PAULO. El País. Disponível em:<https://brasil.elpais.com/brasil/2018/05/01/internacional/1 525166365_582778.html> Acesso em: 06 set. 2018

PREFEITO DIZ QUE SP TEM 70 PRÉDIOS EM SITUAÇÃO SEMELHANTE. O Povo. Disponível em:< https://www.opovo.com.br/noticias/brasil/2018/05/prefeito-diz-que-sp-tem-70-predios-em-situacao-semelhante.html> Acesso em: 06 set. 2018

SENRA, Ricardo. 'É claro que vão entrar em prédios abandonados. É melhor que viver na rua', Diz relatora da ONU. BBC Brasil. Disponível em:< https://www.bbc.com/portuguese/brasil-43987258> Acesso em: 08.set.2018.

O USO DA JUSTIÇA RESTAURATIVA NA APLICAÇÃO DA MEDIDA SOCIOEDUCTAIVA: NOVAS PERSPECTIVAS PARA A DOUTRINA DA PROTEÇÃO INTEGRAL

CECÍLIA PARANHOS SANTOS MARCELINO
EMÍLIA PARANHOS SANTOS MARCELINO

Introdução

A transformação do judiciário permeia um curso tanto de reestruturação no tocante ao direito material quanto, no direito processual, com reformas que buscam além de otimizar, assegurar que a Justiça seja promovida da melhor forma. Nesta perspectiva, nasce a Justiça restaurativa.

Ocorre que, a Justiça brasileira por anos pautou-se na retributividade onde deveria haver uma contraprestação do Estado no cumprimento da Justiça, para satisfazer a necessidade da vítima. É a regra, ainda na maior parte dos casos, que quando alguém tem seu direito violado, a parte contrária deve sofrer alguma penalidade quer cível ou criminal que, satisfaça o desejo de reparação de forma a castigar a outra parte proporcionalmente ao dano cometido.

Quebrando o paradigma da Justiça Retibutiva, a ideia de consenso emerge como uma boa alternativa para além das lides penais, sendo utilizada pelos profissionais da Justiça em casos bem especiais como as demandas que envolvem os adolescentes que praticam atos infracionais e, estão sujeitos às medidas socieducativas, que por maior similitude aparente ao modelo criminal, não constituem em sua essência parte do direito criminal e, sim uma situação de reeducação para os menores. O empoderamento das partes para compor um círculo restaurativo, onde ambos vão discutir e deliberar sobre as ações mais adequadas ao caso concreto é uma nova via encontrada pelo poder judiciário para assegurar que as demandas alcancem seu melhor resultado.

Estas novas possibilidades de utilização da justiça restaurativa trazem força a sua proposta de buscar a melhor forma de dirimir a lide sem imputar a uma das partes, uma condenação. E, no caso das medidas socioeducativas há uma intercessão de interesses pois, Estado, sociedade, vítima e adolescente infrator assumem papeis de responsabilização na busca de uma atitude que possa efetivamente alcançar a Proteção Integral.

O artigo utiliza um método de pesquisa indutivo, construindo-se a partir de uma revisão bibliográfica sobre o tema e, buscar responder as indagações sobre a possibilidade de utilização da Justiça Restaurativa no caso da aplicação das medidas socieducativas impostas a adolescentes. E, fazendo-se essencial sua discussão em razão da possibilidade de uma nova forma de resolução de conflitos, principalmente na seara da infância infratora.

Justiça restaurativa: conceitos e nuances sobre o tema

O Poder Judiciário vem modificando sua forma de tratar os conflitos ao longo dos anos quer, por razões de humanização do próprio direito que o rege; quer por necessidade de resoluções alternativa para os mais diversos conflitos que insurgem-se na sociedade, uma vez que a tentativa de solucionar um impasse de forma mais equilibrada para ambas as partes, sempre é a melhor forma de fazer Justiça.

A garantia fundamental de acesso a justiça que, figura no rol do art. 5° da Constituição Federal, em razão das numerosas demandas que chegam ao judiciário necessita de outras abordagens que, possam trazer mais celeridade a questão da solução de litígios, empurrando os operadores do direito a buscar formas alternativas de dirimir as demandas, fazendo com que métodos alternativos sejam salutares na edificação de uma justiça.

Neste sentido, o funcionamento do Poder judiciário avança não somente com relação aos procedimentos técnicos, mas, também no tocante aos conceitos de como resolver um conflito de interesse, de maneira mais consensual, onde não haja a pecha da condenação para alguma das partes. É uma tentativa de se abandonar o modelo retributivo, especialmente na esfera criminal, que busca aqui, com maior vigor, o *jus puniendi* de forma a enfatizar o direito penal racional, onde a vítima obtém do Estado uma prestação de justiça baseada na culpabilidade e punição do agressor.

O modelo retributivo de justiça, durante boa parte da história, mostrou-se enraizado nas concepções relacionadas ao controle social, sendo utilizado para alcançar as ações almejadas pela sociedade, em diversos momentos da história, e pelas vítimas, no seu desejo de justiça. Baseadas em leis antigas, como a Lei de Taleão, ou no período do medievo, como as implicações legislativas oriundas do Direito Canônico, a justiça retributiva vivenciou um primeiro estágio onde, a punição confundia-se com a vingança, atuando sempre nos moldas da concessão de vantagens à vítima, como forma de sanar o dano sofrido.

No desenvolvimento das ideias sobre justiça retributiva pode-se observar que os estudos realizados em "O homem delinquente" (LOMBROSO, 1897) e "Dos delitos e das Penas" (BECCARIA, 1764), trazem uma atenção para contestar o pensar social sobre justiça punitiva e seu relacionamento com a sociedade. O desenvolvimento de ciências como a antropologia, a sociologia, a psicologia e o direito penal são fundamentais para a reflexão no modelo retributivo de justiça como mecanismo de controle social (NUCCI, 2015).

Em sua maioria, o modelo de atuação da Justiça no Brasil segue o modelo da retribuição, especialmente aquele voltado ao direito penal regular, visto como uma influência das ideias de Beccaria (1764), do modelo positivista adotado e, de um modelo de responsabilização pelo Estado dos atos ilícitos cometidos na sociedade. A preocupação é com o criminoso e a pena que este deve receber do Estado, almejando, assim, uma condenação que satisfaça a proporcionalidade de seu delito.

Isso ocorre porque, a Justiça brasileira esta baseada no modelo de recompensas onde, aquele que comete o dano, quer em qualquer esfera seja cível ou penal, deve sofrer por seus atos uma justa condenação, em face àquele que foi vítima do dano, para que as partes possuam uma situação confortável de perante o fato do autor e da vítima receberem a justa e devida providência da Justiça (FERREIRA, 1998). É uma forma de manter a zona de conforto entre as partes sociedade violada, agente infrator e Estado na prestação sancionador.

Esse modelo retributivo de justiça marca todo o ordenamento brasileiro, sendo obviamente, mais significativo no âmbito do processo criminal mas, não deixa de circundar outras esferas e, até mesmo, campos mais humanizados do direito, por muito tempo tratam temas de classificação especial com base nas ideias de retribuição, a exemplo do direito da infância, como mais a frente iremos tratar.

Contudo, uma mudança salutar de paradigma na esfera judiciária, traz para o campo da aplicação do direito, novos contornos de operacionalização da Justiça, buscando tratar e resolver os conflitos de forma consensual. A alternativa encontrada é a Justiça restaurativa. Uma metodologia de solução de conflitos que se utiliza de várias medidas de negociação, buscando a participação social, a multidisciplinariedade nos procedimentos judiciais e a intervenção mínima do Estado. Assim a Justiça restaurativa pode ser entendida como um método complementar de resolução de conflitos (RAMIREZ, 2005; HIGHTON, 1998; SICA, 2007). Neste ínterim, o novo modelo adotado para questões mais sensíveis busca uma hipótese em que o direito de ambas as partes possa ser atendido sem maiores danos, reafirmando a intenção de um avanço no pensar justiça equilibrada, entendendo que:

> A Justiça Restaurativa baseia-se num procedimento de consenso, em que a vítima e o infrator, e, quando apropriado, outras pessoas ou membros da comunidade afetados pelo crime, como sujeitos centrais, participam coletiva e ativamente na construção de soluções para a cura das feridas, dos traumas e perdas causados pelo crime.(PINTO, 2005)

As Justiça restaurativa, então, ingressam no meio jurídico para fazer com que as partes se questionem o que podem fazer para tentar restaurar uma situação, sem que haja o embate direto entre ofendido e ofensor. É um modelo que vem sendo discutido desde a época de 1970 (PINTO *et al*, 2016), com experiências sobre o modelo restaurativo de resolução de conflitos em países desenvolvidos. É semelhante, a doutrina que, embasa as nossas formas alternativas de resolução de conflito conhecidas como mediação e conciliação.

Ao buscar-se um pensar mais antigo sobre o tema, observa-se o modelo restaurativo oriundo dos povos indígenas, e seu método de resolução de impasses tribais, onde os chefes se valiam do envolvimento comunitário e das medidas consensuais para sanar uma questão controversa em suas aldeias. Utilizava-se mais o dialogo, que as leis. E, nesses casos, envolve a comunidade que de alguma forma deve agir proativamente para ajudar a solucionar o conflito posto. Essa técnica, é vista em países como os Estados Unidos, México e Canadá. Um modelo clássico é o da Nova Zelândia que aplicou métodos alternativos e consensuais de resolução de conflitos em caso que envolviam problemas com jovens e a criminalidade.

Em dados mais técnicos, temos como marco teórico sobre o tema que:

> A denominação *justiça restaurativa* é atribuída a Albert Eglash, que, em 1977, escreveu um artigo intitulado *Beyond Restitution: Creative Restitution*, publicado numa obra por Joe Hudson e Burt Gallaway, denominada "Restitution in Criminal Justice" (Van Ness e Strong, 2002:27). Eglash sustentou, no artigo, que havia três respostas ao crime – a retributiva, baseada na punição; a distributiva, focada na reeducação; e a restaurativa, cujo fundamento seria a reparação (PINTO, 2006).

No Brasil, a discussão sobre a Justiça restaurativa floresce em 2005, com a carta de Araçatuba, em São Paulo. Obviamente, esta teve influência internacional das nações Unidas, no Conselho Econômico e Social das Nações Unidas. Mais diretamente, tramita no Congresso Nacional o substitutivo ao projeto de lei nº 4.827-C, de 1998, na qual institucionaliza a mediação no país, bem como a Sugestão Legislativa nº 99, de 2005 que solicita alteração de dispositivos legais e permite a utilização da Justiça restaurativa em procedimentos penais.

De certa feita, já é possível observar a utilização da Justiça restaurativa no Brasil, em casos comunitários como nas escolas e, em demandas envolvendo atos infracionais ou, crimes de menor potencial ofensivo nos juizados especiais. E, em casos como a aplicação de medidas socioeducativas a adolescentes que cometem o ato infracional e, se apresentam em procedimento da seguinte forma:

> O primeiro passo é fazer uma consulta à vítima sobre o interesse em participar desse processo. Em caso de concordância, vítima, ofensor e familiares são convocados para o encontro. Frente a frente, com o objetivo de restaurar as marcas deixadas pela infração, as consequências do ato violento são discutidas sobre a perspectiva de cada um dos envolvidos. Ao fim, tenta-se selar um acordo para que o ofensor repare o crime. (CNJ, 2017)

O que acontece para esta abordagem da justiça em tratar as matérias, especialmente às da alçada criminal através das praticas restaurativas, é um novo olhar no tocante a resolução mais célere e eficaz de demandas judiciais. Na prática, as ações de justiça restaurativa no Brasil vêm, acontecendo, desde 2005, em searas especificas como a Justiça da infância e algumas audiências de juizados especiais criminais (SCHUCH, 2008), obtendo um bom resultado.

Uma vez que, a Justiça restaurativa pugna pela independência das decisões com uma de suas metas, além de estimular a participação social efetiva no cumprimento das decisões judiciais, fazendo com que as partes sejam parte atuante do processo e não apenas receptoras de Justiça, tornando mais atuante e formadoras do resultado desejado por ambas as partes.

Medidas socioeducativas e sua aplicaçao pelo Poder Judiciário

No direito atual, o adolescente que incide em uma situação de transgressão da norma recebe um tratamento diferenciado, chamado de medida socioeducativa, cumprindo uma retribuição à prática do ato infracional, constituindo uma de excepcionalidade ao mundo da matéria criminal, visto aquele sujeito, a criança ou adolescente, por ser uma pessoa em condição peculiar de desenvolvimento, guardará ressalvas em seu tratamento.

Em um primeiro momento, o Código de Menores de 1927 não fazia qualquer menção a medidas socioeducativas, tratando o adolescente como delinquente ao passo que incidisse no cometimento de uma conduta descrita como crime, sendo a ele imputado as medidas inseridas no Código Penal. A leitura do art. 71 do Código de Menores, ainda sob a égide da Doutrina da Situação Irregular, previa até a internação em estabelecimento prisional, obviamente em celas separadas, permitindo um contexto inaceitável para a Doutrina atual que, busca a Proteção Integral destes meninos e meninas.

Ocorre que, quando do cometimento de um ato infracional, entendido como conduta análoga a crime, praticado por adolescente, a norma do Estatuto da Criança e do Adolescente-ECA determina para os casos a aplicação das medidas socioeducativas. Estas medidas são imposições de caráter pedagógico, sócio inclusivo e educativo, afastando-se completamente da ideia de punição penal, visto que a intenção das medidas é proteger o adolescente de suas condutas ainda não maduras, reeducando-o e o reinserindo na sociedade. No caso do ECA, a máxima penal de crime-castigo não persiste em razão da própria estruturação da medida socioeducativa que, dissocia-se de qualquer intuito punitivo. Essas medidas socioeducativas constituem um marco na evolução dos direitos da criança e do adolescente a medida que conferem ao infante uma condição mais protegida, observando-o como sujeito de direitos, em condição peculiar de desenvolvimento (ISHIDA, 2012; CURY, 2005).

Cabe ressalvar que, as medidas socioeducativas são aquelas que a legislação do ECA elenca no art. 112 e, que permite aplicação apenas para adolescentes que incidem no ato infracional, sendo excluído a possibilidade de crianças com menos de 12 anos de idade serem submetidas a este tipo de medida. Esclarecendo que, para a prática do ato infracional cometido por crianças e adolescentes, tem-se as Medidas de Proteção, inscritas no rol do art. 101 do ECA. Neste sentido:

> As medidas socioeducativas comportam aspectos de natureza coercitiva, uma vez que são punitivas aos infratores, e aspectos educativos no sentido de proteção integral e oportunização, e do acesso à formação e informação. Sendo que em cada medida esses elementos apresentam graduação de acordo com a gravidade do delito cometido e/ou sua reiteração (DEZEM *et al* apud NEGRI, 2011)

E, assim, restando as Medidas do art. 112, para aplicação exclusiva aos adolescentes. As medidas socioeducativas então, se apresentam em sequência de proporcionalidade de utilização pelo magistrado, culminado com a medida de privação de liberdade. A primeira é a medida de advertência (art.112, I, ECA) que consiste em uma admoestação verbal ao adolescente que praticou determinado ato infracioal de menor potencial, ou seja, um chamamento. A segunda medida é a Obrigação de Reparação do Dano (art.112, II, ECA) que corresponde ao ressarcimento para os atos que tenham caráter patrimonial, quando possível e adequado ao caso. A medida de Prestação de Serviços a Comunidade (art.112, III, ECA) consiste na realização de tarefas gratuitas pelo adolescente em locais não prejudiciais a sua integridade, por um período de até 6 meses, sendo esta medida uma excelente prática de restaurar e implantar no adolescente um sentimento de solidariedade com a comunidade.

Outra medida, a de Liberdade Assistida (art.112, IV, ECA), é compreendida como uma forma de cuidar do adolescente sem privar da liberdade, sendo aplicada quando o caso concreto se apresentar favorável, necessitando de apoio da equipe interdisciplinar para a execução das ações de orientação, auxílio e acompanhamento do adolescente. Na liberdade assistida o adolescente fica livre, mas, com obrigações e o dever de prestação de contas sobre sua conduta ao Juiz da Infância e Juventude, responsável pelo seu período de socioeducação.

A medida de semiliberdade é compreendida com forma de transição da internação para o meio aberto (art.112, V, ECA). É mais frequente sua utilização quando há a necessidade de uma modificação de medidas aplicadas, a exemplo de um adolescente interno passando a semiliberdade, para posteriormente finalizar sua medida socioeducativa.

E, por fim, a medida de Internação em Estabelecimento Educacional (art.112, VI, ECA) é aquela que priva de liberdade o adolescente, sendo sujeita aos princípios da brevidade, excepcionalidade e respeito a condição peculiar de pessoa em desenvolvimento, visto que o haverá uma breve suspensão do convívio familiar e social, de forma direta. Esta medida somente terá cabimento quando de situações que envolvam uma gravidade considerada significativamente preocupante nas ações do adolescente, devendo ser utilizada como última escolha.

No processo de apuração do ato infracional pelo magistrado da infância, a autoria e os fatos serão observados cuidadosamente, por tratar-se de pessoal em condição peculiar de desenvolvimento e, também, por ater-se a questão da necessidade de socioeducação do indivíduo sujeito de direito, afastando quaisquer pretensões punitivas. Ou seja, uma vez apreendidos os adolescentes, estes têm o conhecimento de seus atos levados a Justiça da Infância e Juventude que, ao tomar conhecimento, define uma medida a ser cumprida, observando as condições peculiares de cada caso (NUCCI, 2015).

Insta pontuar que, com o advento em 2012 do Sistema Nacional de Atendimento Socioeducaivo- SINASE, a execução do cumprimento das medidas socioeducativas, principalmente àquelas em meio fechado, ou seja, privativa, total ou parcial, de liberdade estão em mais humanizadas, trazendo uma nova perspectiva nesta ceara de socioeducação dos adolescentes envolvidos com o ato infracional. Contudo, resta ainda, a dura realidade de se atravessar todo um processo judicial para execução das medidas aplicadas, visto que a à primeira vista, a forma de resolução destes conflitos na Justiça da infância e juventude, ainda segue o modelo tradicional.

Efetivaçao da doutrina da proteçao integral

No âmbito da infância, a principal preocupação é com o bem-estar de crianças e adolescentes, observando sua condição peculiar de pessoa em desenvolvimento e o seu melhor interessa. E, neste sentido, ao longo de muitas conquistas sociais e de direitos, vê-se, o Princípio da Proteção Integral surgir como o pilar de sustentação desta nova Doutrina que se apresenta fundamental a seara da infância tanto na perspectiva jurídica, quanto na social.

Quando se fala em Proteção Integral para a infância não podemos esquecer o longo caminho percorrido por meninos e meninas na busca da efetivação de seus direitos, quer seja em escala internacional, ou nacional, este desenvolvimento possui uma transformação significativa que vai deste a completa ausência de direitos, ao seu reconhecimento como sujeito de direito especial, construindo uma concepção de infância mais arraigada de justiça social e direitos humanos.

Desta forma, o tratamento conferido a crianças e adolescentes perpassa, inicialmente por uma fase conhecida como Doutrina da Situação Irregular onde, a criança era tida como objeto jurídico, e o afeto nas relações era secundário. Na Doutrina da Situação Irregular estes meninos e meninas eram tratados de maneira a promover o controle social das ações irregulares ou ilegais cometidas na infância e juventude, adotando-se métodos pouco pedagógicos e, com foco maior em satisfazer a necessidade da sociedade que, as dos próprios infantes. Um modelo importado de outros países que baseava a condução dos problemas referentes a infância baseado, especialmente, na pobreza:

> A Justiça de Menores no Brasil foi fundamentada no debate internacional do final do século XIX sobre as estratégias de contenção da criminalidade infantil, tendo a América Latina como uma espécie de laboratório das idéias que circulavam na Europa e na América do Norte. Concebida com um escopo de abrangência bastante amplo, seu alvo era a infância pobre que não era contida por uma família considerada habilitada a educar seus filhos, de acordo com os padrões de moralidade vigentes. Os filhos dos pobres que se encaixavam nesta definição, sendo, portanto, passíveis de intervenção judiciária, passaram a ser identificados como *menores* (RIZZINE, 2006, P.11, grifo da autora).

Assim, a situação irregular da criança ou adolescente no inicio e, durante boa parte, do século XX era vista como hipótese de desvio onde, aqueles que estivessem enquadrados nos moldes da transgressão ou desviantes, deveriam ser tratados como menor delinquente, segundo o Código de Menores (1927), devendo ser administrado pelo Estado como forma de controle destes *"outsiders"*, muitas vezes realizada pelos pais e polícia, para realizar através destas medidas uma contenção social da delinquência juvenil e da pobreza, a esta associada (COLOMBO, 2006).

Em suma, a Doutrina da Situação Irregular, apesar de ser um tentativa da Justiça em conter os problemas da infância, não logrou o alcance sócio-jurídico esperado em razão de sua visão centralizadora que tratava os infantes como objeto de direito, tutelando sua conduta, ao invés de seu ser e, alem disso, relegando aos mais excluídos uma condição de permanência no seu contexto. Neste sentido:

> A Doutrina da Situação Irregular é a expressão jurídica do modelo latino-americano de apartação social, modelo este que, ao longo de nossa evolução histórica, acabou gerando duas infâncias: *(i) a infância escola-família-comunidade e (ii) a infância trabalho-rua-delito* (COSTA, 2006, p. 19, grifos do autor).

Um retrato deste momento dominado pela Doutrina da Situação Irregular no Brasil foram as casas de abrigamento para adolescentes que cometiam o ato infracional, apresentando-se como FEBEMS- Fundação Estadual de Bem-Estar para Menores (RIZZINE, 2006). Estes locais funcionavam como casas onde os menores cumpriam as medidas socieducativas e, depois seriam liberados. Na realidade, um centro de meninos, menores de idade que marginalizados pelo sistema, encontravam nas FEBEM´s um local onde o Estado e a sociedade apresentavam-se de forma mais cruel e desumana, conferindo aos internos tratamentos inadequados e desconexos com a recuperação pretendida.

O Código de Menores elaborado por Mello Matos foi muito importante, à seu momento, uma vez que trouxe o primeiro disciplinamento legal para a infância em situação irregular; sendo reeditado em 1979, sob os mesmos moldes e vigorando ate 1990 quando, inicia-se a Doutrina da Proteção Integral no Brasil, fortalecida pelo Estatuto da Criança e do Adolescente, um dispositivo legal que veio pós neoconstitucionalismo arraigado de direitos e humanos e garantias fundamentais à estes entes tão violados.

Insta pontuar que, a mudança da de paradigma no tratamento da infância é tema que reflete a seara internacional quanto ao entendimento sobre a matéria. Influenciada pela Organização das Nações Unidas- ONU foi com a Declaração Universal dos Direitos da Criança (1959) e, com ações afirmativas por parte da UNICEF-Fundo de Ações Unidas para Infância, que a condição de meninos e meninas começa a mudar sob aspectos jurídicos e sociais, não sendo mais toleradas determinadas violências contra estes infantes.

As disposições sobre a proteção da criança foram recepcionadas na Constituição Federal do Brasil de 1988, a Carta Cidadã, contribuindo definitivamente para o abandono da Doutrina da Situação Irregular e a adoção da Doutrina da Proteção Integral. Essa nova perspectiva de entender a tratar a criança e o adolescente acompanha a onda de humanização dos direitos que recobriu todas as diversas áreas da infância como os direitos e garantias fundamentais, convivência familiar, atendimento, o funcionamento de sua Justiça e, principalmente, o cumprimento das medidas protetivas quando da prática de atos infracionais.

Assim, a Doutrina da Proteção Integral vem para revolucionar os direitos concedidos a infância, com princípios bem específicos a exemplo da prioridade absoluta; do melhor interesse; da necessidade de observar a condição peculiar de pessoa em desenvolvimento; da cooperação entre partes e; da descentralização/municipalização de ações na rede de proteção a infância, criando um arcabouço jurídico fortalecido e humanizado, com intuito de humanizar os direitos da infancia.

Logo, criança e adolescente passam a serem sujeitos de direitos e estão passíveis de todas as garantias asseguradas a manutenção dessa dignidade da pessoa humana, que durante anos lhe era violada. Além disso, a Proteção Integral emerge em caráter constitucional, quando da redação do art. 227, CF/88, diz que É um dever da família, da sociedade e do Estado assegurar à criança, ao adolescente e ao jovem, com absoluta prioridade, o direito à vida, à saúde, à alimentação, à educação, ao lazer, à profissionalização, à cultura, à dignidade, ao respeito, à liberdade e à convivência familiar e comunitária, além de colocá-los a salvo de toda forma de negligência, discriminação, exploração, violência, crueldade e opressão.

Coadunando, tal inscrição constitucional, para ratificar e reafirmar as ideias que em 1990, foram expostas no ECA, e que por mais de duas décadas tenta-se efetivar. E, que especialmente, nos últimos anos, viu, através da Justiça Restaurativa uma forma de mediar e, também de aplicar com mais parcimônia, as medidas socioeducativas à adolescentes no cometimento do ato infracional.

O fato de a criminalidade entre os jovens adolescentes ser um fator preocupante, ainda na conjuntura atual, leva o cidadão e o estudioso do direito a se questionar sobre a efetividade de páaticas como a aplicação de medidas socioeducativas. Será que é há recuperação? E, a educação proposta é alcançada? Existe outra forma de socioeducar, sem internar? Isto porque, em especial a medida de internação que traz uma proposta pedagógica muito salutar não consegue ser efetivamente aplicada tornando-se semelhante ao sistema carcerário penal (NUNES, 2012).

Assim, é neste cenário, que entra a Justiça Restaurativa como forma de resolução de conflito, no tocante a aplicação de medidas soioeducativas à adolescentes em conflito com a lei. O Conselho Nacional de Justiça- CNJ tem permitido esta aplicação visto que já foi possível observar êxitos para as partes envolvidas em algumas práticas oriundas de Justiças do sul do país, onde círculos de restautativos já foram realizados. Neste sentido:

> No Brasil, a partir de 2005, coube a Porto Alegre a vanguarda dos esforços de aplicação da Justiça Restaurativa, através do projeto "Justiça para o Século 21", que objetiva implantar as práticas de Justiça Restaurativa na pacificação de conflitos e violências envolvendo crianças, adolescentes e seu entorno familiar e comunitário. Pioneiro no país, o projeto foi iniciativa e teve coordenação da 3ª Vara do Juizado da Infância e da Juventude, com apoio institucional da Associação dos Juízes do Rio Grande do Sul (AJURIS), através da Escola Superior da Magistratura, e apoio técnico e financeiro do Ministério da Justiça, através da Secretaria da Reforma do Judiciário, do Programa das Nações Unidas para o Desenvolvimento (PNUD), e da UNESCO, através do Programa Criança Esperança, em parceria com a Rede Globo (DADOS PANUD).

Esta prática mostrou-se bem salutar a situação de aplicação de medidas socieducativas, em casos onde foi possível contar com apoio da comunidade para encontrar uma forma alternativa de aplicar e fazer cumprir uma medida a adolescente, empoderando as partes criando um espectro de maior responsabilização para o adolescente que comete o ato infracional.

Cabe salientar que, há a necessidade de participação ativa da sociedade e família, como parceiros neste sistema, não ficando somente relegado ao Poder judiciário o exercício do modelo restaurativo, sendo necessário um engajamento dos parceiros; bem como, a aplicação somente é possível para aqueles atos infracionais que não sejam gravíssimos ou que, assim sendo, a vitima deseje um modelo alternativo de reparação e aceite os moldes alternativos deste tipo de resolução de conflito restaurativo.

Essa utilização da Justiça Restaurativa nas ações que envolvem a aplicação da medida socioeducativa em decorrência da prática de ato infracional por adolescente é, sem dúvida, uma forma de promover a efetivação da proteção integral, ao passo que descortina novas formas de solucionar conflitos que envolvem o infante, afastando a necessidade de uma lide contenciosa, pois mesmo que a medida socioeducativa não seja uma punição penal paira a pecha de similitudes.

O modelo restaurativo, então, apresenta uma forma de ver e fazer a aplicação de medidas socioeducativas ao adolescente de maneira a respeitar todos os princípios envolvidos na ideia de proteção integral, quer seja seu melhor interesse e sua prioridade absoluta, bem como aqueles princípios já sinalizados pelo ECA, SINASE e pelas diretrizes de direitos humanos, nestes casos, fazendo-se uma alternativa a ser investida pelo Judiciário e especialmente, pelas Varas da infância e juventude.

Considerações finais

No cenário, onde tantos conflitos são levados ao Poder Judiciário para que este utilize sua força decisória, determinando questões com base em um modelo de solução de conflitos mais arcaico, vê-se alternativas que buscam a conciliação e mediação, ou melhor, a negociação das partes para dirimir um litígio, tornando todos vencedores daquela demanda. Esta é a ideia principal da Justiça restaurativa, ou seja, conseguir o consenso entre as partes para a melhor solução ao caso concreto.

Assim, observado no contexto atual do Brasil, a criminalidade entre jovens adolescentes ainda é um fato preocupante para a sociedade e para o direito, tornando o assunto das medidas socioeducativas e sua aplicação um ponto de discussões acaloradas. E, como visto, o cenário necessita de alternativas à simples aplicação de uma medida quando do cometimento do ato infracional, suscitando novas formas de resolução do conflito que ensejam uma aplicação de medida mais adequada a realidade dos adolescentes e da reeducação que se busca.

A ideia de utilizar o modelo restaurativo de justiça ao processo de aplicação das medidas socieducativas, traz um fôlego novo as questões que tratam da ressocialização do adolescente perante a prática de atos infracionais objetivando alcançar a melhor forma de construir o caminho da reinserção social, do fortalecimento dos vínculos familiares e da educação proposta para estes jovens meninos encontrarem novas perspectivas.

No caso dos adolescentes, viu-se já há casos práticos em que há a possibilidade de instalação de uma resolução de conflito baseado na Justiça Restaurativa, reafirmando o empoderamento das partes, e reativando o sentimento de cooperação e responsabilidade social por parte de todos os envolvidos na demanda, quer seja o estado, as partes- vitima e ofensor- e, a comunidade que torna-se parceira para permitir praticas alternativas de construção de um ambiente ideal a realização do acordo no circulo restarativo.

Os casos de sucesso, já em Tribunais brasileiros, revelam que esta postura pode ser adotada em outros aspectos, buscando um envolvimento maior das partes e uma responsabilização mais direta do próprio autor do ato infracional e um maior apoio da sociedade em participar destas questões de reeducação, multiplicando práticas positivas de Justiça.

Referencias

BECCARIA, Cesare. Dos delitos e das Penas. Ed. Ridendo castigat Mores. 1764. Disponível em: http://www.dominiopublico.gov.br/download/texto/eb000015.pd f, acesso em: 20 out. 2017.

BENEDETTI, Juliana Cardoso. Tão próximos, tão distantes: a justiça restaurativa entre a comunidade e sociedade. São Paulo, USP, 2009.

BRASIL, Conselho Nacional de Justiça. Aprovada resolução para difundir a Justiça Restaurativa no Poder Judiciário. 2016. Disponível em: <http://www.cnj.jus.br/noticias/cnj/82457-aprovada-resolucao-para-difundir-a-justica-restaurativa-no-poder-judiciario-2>. Acesso em: 16 dez. 2017.

BRASIL, Decreto Lei 17.943/1927- Código de Menores. Consolida as leis de assistência e proteção aos menores.

BRASIL. Constituição. Constituição da República Federativa do Brasil. Brasília, DF: Senado Federal: Centro Gráfico, 1988.

BRASIL, Lei n. 12.594/ 2012. Dispõe sobre o Sistema Nacional de Atendimento Socioeducativo- SINASE.

BRASIL, lei nº 8.069/ 1990- Dispões sobre o Estatuto da Criança e do Adolescente e dá outras providencias.

COLOMBO, Irincu. Adolescência infratora paranaense: história, perfil e prática discursiva. Brasília: UNB, 2006. 315 p. Tese de doutorado. Programa de Pós-Graduação em História Social, UNB, 2006.

CRUZ, Fabrício Bittencourt da. Justiça Restaurativa: horizontes a partir da Resolução CNJ 225/Coordenação: Fabrício Bittencourt da Cruz - Brasília: CNJ, 2016.

FERREIRA, Roberto Kalil. A Justiça retributiva. Revista CAAP. ISSN:2038-3840. N.02. 1997.p.331-352.

HIGHTON, Elena I. et al. Resolución Alternativa de Conflictos y Sistema Penal. La mediación Penal y los Programas Víctima-Victimario. Buenos Aires, República Argentina: AD-HOC S.R.L., 1998.

ISHIDA, Válter Kenji. Estatuto da Criança e do Adolescente: doutrina e jurisprudência. São Paulo: Atlas, 2012.

NEGRI, Vera Lucia. Contextualizando as medidas socioeducativas e Justiça restaurativa. São Paulo. 2011.

NUCCI, Guilherme de Souza. Estatuto da Criança e do Adolescente Comentado: em busca da Constituição Federal das crianças e adolescentes. Rio de Janeiro: Forense, 2015.

NUNES, Maria do Rosário. Atendimento Socioeducativo ao Adolescente em Conflito com a Lei – Levantamento Nacional 2011. Secretaria de Direitos Humanos, Governo Federal do Brasil. Brasília, 2012. Disponível em: <http://www.sdh.gov.br/assuntos/criancas-e-adolescentes/pdf/SinaseLevantamento2011.pdf>. Acesso em: 16 mar. 2018.

ONU. Resolução 2002/12 do Conselho Econômico e Social das Nações Unidas, 2002.

PINTO, Renato Sócrates Gomes. A Construção da Justiça Restaurativa no Brasil (2006). Disponível em : https://jus.com.br/artigos/9878/a-construcao-da-justica-restaurativa-no-brasil, Acesso em 24/09/2017.

RAMÍREZ, Sérgio García. En búsqueda de la terceira via: la justicia restaurativa. Revista de Ciencias Penales. Iter Criminis. Cidade do México: Inacipe, n. 13. Abr./Jun 2005.

RIZZINI, Irene. Reflexões sobre pesquisa histórica com base em idéias e práticas sobre a assistência à infância no Brasil na passagem do século XIX para o XX. In: I CONGRESSO INTERNACIONAL DE PEDAGOGIA SOCIAL, 1., 2006, .Proceedings online... Faculdade de Educação, Universidade de São Paulo, Available from: <http://www.proceedings.scielo.br/scielo.php?script=sci_arttext&pid=MSC0000000092006000100019&lng=en&nrm=abn>. Acess on: 29 Mar. 2018.

SANTANA, Selma Pereira de. Justiça Restaurativa:a reparação como conseqüência jurídico-penal autônoma do delito. Rio de Janeiro: Lumen Juris, 2010.

VERONESE, Josiane Rose Petry. Temas de direito da criança e do adolescente. São Paulo: LTr, 1997

APLICAÇÃO CASUÍSTICA: ARBITRAGEM DE DIREITO VERSUS ARBITRAGEM POR EQUIDADE

EDNA FIRMINO RODRIGUES FERNANDES
CÍCERA RAYANE SILVA PEREIRA

Notas introdutórias

A arbitragem, através da Lei n° 9.307, de 23 de setembro de 1996, surgiu no direito brasileiro como uma opção ao sistema tradicional de solução dos conflitos, uma vez que o Poder Judiciário se encontra repleto de ações que demandam ritos e procedimentos complexos, além que de que o quadro do judiciário possui um déficit no quadro de pessoal.

Dispõe a citada lei, em seu art. 2°, que as partes contratantes, ao optarem pela arbitragem, podem escolher ainda se ela será de direito ou de equidade. Prevê ainda o referido artigo, em seus dois parágrafos, que as partes podem convencionar sobre "as regras de direito" que serão aplicadas na arbitragem, bem como ainda estabelecer que o julgamento arbitral se realize com base nos "princípios gerais de direito, nos usos e costumes e nas regras internacionais de comércio". Dessa forma, é evidente que o intuito do legislador em oferecer às partes diversas possibilidades de julgamento dos seus conflitos, sabendo, que isso também acarreta inúmeros problemas.

A Arbitragem como meio para solução de conflitos

A arbitragem como método para solução de conflitos, consiste em um dos meios amplamente disseminados pelos sistemas normativos existentes, devido à celeridade proporcionada pelo próprio processo, esse funciona basicamente como definiram previamente as partes interessadas, respeitando evidentemente o que preceitua o ordenamento jurídico.

A arbitragem é um método de solução extrajudicial de conflitos. Assim, podemos conceituar a arbitragem como sendo o processo através do qual a controvérsia existente entre as partes é decidida por terceiro ou terceiros (árbitros) imparciais, e não pelo Poder Judiciário (juízes). (JR.MOTTA et al., 2014)

O processo arbitral tem como diferencial a liberdade por derivar de uma relação jurídica contratual, ainda que limitada pela norma que o regulariza. Outro elemento que tornou o juízo arbitral atrativo atualmente é a globalização, resultante da nova era tecnológica que possibilitou a integração e ampliação dos mercados, em que "tempo é dinheiro".

O modelo arbitral, tal qual, como conhecemos atualmente é fruto de uma construção e evolução histórica. Entretanto, a doutrina releva semelhanças entre o processo arbitral utilizado na antiguidade com a arbitragem vigente e aplicada nas relações jurídicas do Direito Brasileiro. Esse modelo de arbitragem, tem base também nos povos romanos que faziam uso de mecanismo equivalente para solucionar as contendas. Todavia, é importante salientar as características desse instituto jurídico e o diferenciar de outros que por proximidade de objetivos, sejam inadequadamente utilizados como sinônimos.

A arbitragem, quanto a sua natureza jurídica, temos divergência doutrinaria e consequentemente algumas correntes teóricas surgiram. Desse modo, temos as seguintes corrente no ordenamento jurídico brasileiro; privatista, publicista e a mista. A corrente privatista reconhece apenas a natureza contratual desse instituto, e a arbitragem como parte desse negócio jurídico. A teoria publicista enxerga como jurisdição o processo arbitral, por ser conferido ao árbitro o poder de decidir a controvérsia. A corrente mista, como a própria nomenclatura evidencia, engloba ideias privatistas e publicistas para essa teoria o que difere é o momento do processo arbitral.

Contudo, são características da arbitragem: (i) a rapidez na solução do litígio; (ii) o processo que o método escolhido é a arbitragem flui de modo mais ágil o que proporciona uma solução rápida; (iii) simplicidade procedimental; (iv) o processo arbitral não necessita de tanta formalidade.

A flexibilidade do procedimento arbitral também é um atrativo. Em vez do engessamento do Código de Processo Civil, as partes, em conjunto com os árbitros, podem moldar o procedimento para um formato que lhes seja mais adequado, de acordo com o conflito, desde que preservados os princípios da igualdade e do contraditório. (JR.MOTTA et al., 2014)

Cabe ressaltar, que a arbitragem diverge da conciliação e da mediação, tendo em vista que na conciliação um terceiro com o objetivo principal de incentivar um acordo entre as partes intervém na relação jurídica. Na mediação, o mediador tem como objetivo possibilitar a comunicação entre as partes. A arbitragem por sua vez deriva de uma vontade manifestada por ambos para desfecho de uma relação jurídica.

Processo arbitral e seus procedimentos

O processo arbitral se inicia com a aceitação do árbitro ou dos árbitros quando múltiplos, é o que descreve a norma. Sendo considerada pela Lei nº 9.307, de 23 de setembro de 1996 instituída a arbitragem quando aceita a nomeação pelo árbitro.

O procedimento arbitral tem como característica marcante sua flexibilidade. Ao invés de ser baseado nas rígidas regras de ordem pública do Código de Processo Civil, cada procedimento arbitral tem sua marcha estabelecida em regramento fruto do encontro da vontade das partes. (JR.MOTTA et al., 2014)

O legislador, ao criar a lei, separou um capítulo específico para o procedimento arbitral e nele é traçado todas as etapas para que a arbitragem tenha eficácia e seja bem utilizada. Além de artigos em capítulos diversos extremamente esclarecedores. Sendo assim, é preciso destacar algumas características desse procedimento. Quanto ao momento em que a arbitragem surge na relação temos uma divisão trazida pelo diploma legal: A cláusula compromissória, que é anterior ao conflito. As partes na formação do contrato, como um acordo convencionam que os problemas derivados daquela relação contratual serão decidas com base na arbitragem.

Contudo, o texto legal aborda as condições dessa cláusula;

> Art. 4º A cláusula compromissória é a convenção através da qual as partes em um contrato comprometem-se a submeter à arbitragem os litígios que possam vir a surgir, relativamente a tal contrato.
>
> § 1º A cláusula compromissória deve ser estipulada por escrito, podendo estar inserta no próprio contrato ou em documento apartado que a ele se refira.
>
> § 2º Nos contratos de adesão, a cláusula compromissória só terá eficácia se o aderente tomar a iniciativa de instituir a arbitragem ou concordar, expressamente, com a sua instituição, desde que por escrito em documento anexo ou em negrito, com a assinatura ou visto especialmente para essa cláusula.

Temos também a arbitragem resultante do compromisso arbitral, esta manifesta-se, posteriormente ao contrato. Portanto, a divergência já existe entre as partes. Esse é o conceito extraído da norma:

> Art. 9º O compromisso arbitral é a convenção através da qual as partes submetem um litígio à arbitragem de uma ou mais pessoas, podendo ser judicial ou extrajudicial.
>
> § 1º O compromisso arbitral judicial celebrar-se-á por termo nos autos, perante o juízo ou tribunal, onde tem curso a demanda.
>
> § 2º O compromisso arbitral extrajudicial será celebrado por escrito particular, assinado por duas testemunhas, ou por instrumento público.

É previsto também na lei de arbitragem, que quando se estabeleça a arbitragem a prescrição seja interrompida. Todavia, é notório que mesmo tratando de um procedimento singular esse guarda correspondência com o processo civil e com as demais regras vigentes no cenário nacional. Assim sendo, é plenamente aplicável as palavras de Nader (2014) "Conhecer o Direito é conhecer as normas jurídicas em seu encadeamento lógico e sistemático. As normas ou regras jurídicas estão para o Direito de um povo, assim como as células para um organismo vivo."

A comprovação dessa premissa encontra-se fundada, por

exemplo no capítulo IV, do procedimento arbitral, especificamente no art. 20:

> A parte que pretender arguir questões relativas à competência, suspeição ou impedimento do árbitro ou dos árbitros, bem como nulidade, invalidade ou ineficácia da convenção de arbitragem, deverá fazê-lo na primeira oportunidade que tiver de se manifestar, após a instituição da arbitragem.
>
> § 1º Acolhida a arguição de suspeição ou impedimento, será o árbitro substituído nos termos do art. 16 desta Lei, reconhecida a incompetência do árbitro ou do tribunal arbitral, bem como a nulidade, invalidade ou ineficácia da convenção de arbitragem, serão as partes remetidas ao órgão do Poder Judiciário competente para julgar a causa.
>
> § 2º Não sendo acolhida a arguição, terá normal prosseguimento a arbitragem, sem prejuízo de vir a ser examinada a decisão pelo órgão do Poder Judiciário competente, quando da eventual propositura da demanda de que trata o art. 33 desta Lei.

Sendo assim, a arbitragem também possui preclusão, como ocorre no processo comum. Podemos entender preclusão na ótica de Marcus Vinicius Rios Gonçalves:

> Preclusão é mecanismo de grande importância para o andamento do processo, que, sem ele, se eternizaria. Consiste na perda de uma faculdade processual por: Não ter sido exercida no tempo devido (Preclusão temporal); Incompatibilidade com um ato anteriormente praticado (Preclusão logica); Já ter sido exercida anteriormente (Preclusão consumativa). (GONÇALVES, 2017)

Disposição legal idêntica a essa aparece no Novo Código de Processo civil no art. 278: "a nulidade dos atos deve ser alegada na primeira oportunidade em que couber à parte falar nos autos, sob pena de preclusão."

Na arbitragem, a sentença possui peculiaridades, uma delas é quanto ao prazo como prescreve o dispositivo legal a sentença é emitida no período convencionado pelas partes envolvidas. Contudo, tem inovações quanto a sentença arbitral, atualmente é possível sentenças parciais. Cabe frisar os requisitos indispensáveis da sentença:

> Art. 26. São requisitos obrigatórios da sentença arbitral:
>
> I - o relatório, que conterá os nomes das partes e um resumo do litígio;
>
> II - os fundamentos da decisão, onde serão analisadas as questões de fato e de direito, mencionando-se, expressamente, se os árbitros julgaram por equidade;
>
> III - o dispositivo, em que os árbitros resolverão as questões que lhes forem submetidas e estabelecerão o prazo para o cumprimento da decisão, se for o caso; e
>
> IV - a data e o lugar em que foi proferida.
>
> Parágrafo único. A sentença arbitral será assinada pelo árbitro ou por todos os árbitros. Caberá ao presidente do tribunal arbitral, na hipótese de um ou alguns dos árbitros não poder ou não querer assinar a sentença, certificar tal fato.

Respeitados os requisitos, a sentença arbitral está apta para produzir os mesmos efeitos de uma sentença proferida nos termos do processo comum, seja a arbitragem de direito ou de equidade.

Desmistificação da arbitragem de direito e de equidade

Inicialmente, é de supra importância ressaltar que a palavra "equidade" é um termo que possui diversos sentidos e, por isso, apresenta maiores dificuldades para uma definição. Seus diversos significados filosóficos, contudo, não devem ser levados em consideração, pois caso contrário seria impossível a aplicação do dispositivo legal em exame. De acordo com Carmona (1998), o julgamento por equidade previsto na Lei 9.307 de 1996 não se refere à supressão de lacunas, nem à adaptação dos rigorismos legais aos casos concretos.

Não se trata de autorizar o juiz a decidir equitativamente, suavizando e harmonizando as normas jurídicas, mas sim a abandoná-las, decidindo os litígios com base apenas em sua consciência moral. Nenhum julgamento é puramente "de direito". Pelo fato já explicado, das leis serem sempre gerais, uma adaptação delas aos casos concretos é sempre necessária. A equidade é sempre utilizada pelo juiz na formação e na conformação da norma judicial, sentença, (LOPES, 1993). A proibição de se decidir por equidade no direito brasileiro está disposto no art. 127 do CPC "O juiz só decidirá por equidade nos casos previstos em lei". Contudo, a adaptação da lei sempre é realizada, mas o juiz deverá se guiar e decidir com embase legal.

Maximiliano (2003) apoiado em Coelho da Rocha, Trigo de Loureiro e Chironi, lecionam que a equidade objetiva atenuar o rigor de uma norma, interpretando-a de forma compatível com o progresso e a solidariedade humana, e acomodada ao sistema jurídico, de conformidade com a gravidade e importância do negócio, as circunstâncias das pessoas e dos lugares. É estabelecido dois sentidos para equidade: primeiro seria a justiça alicerçada na igualdade e no respeito ao direito de cada um e segundo a justiça não inspirada nas regras de direito em vigor. Pois com isso, visa diminuir a desigualdade da justiça formal usando o subjetivismo e o conceito de justiça do arbitro, onde ele poderá analisar livremente o caso concreto e decidir de acordo com a sua vontade respeitando os limites da lei. Em grande contribuição doutrinária, identifica ainda os fins da equidade, no seu pensar não se recorre à Equidade senão para atenuar o rigor de um texto e o interpretar de modo compatível com o progresso e a solidariedade humana; jamais será a mesma invocada para se agir, ou decidir, contra prescrição positiva *clara e prevista*. Esta ressalva, aliás, tem hoje menos importância do que lhe caberia outrora: primeiro, porque se esvaneceu o prestígio do brocardo– *in claris cessat interpretatio*; segundo, porque, se em outros tempos se atendia ao *resultado* possível de uma exegese e se evitava a que conduziria a um absurdo, excessiva dureza ou evidente injustiça, hoje, com a vitória da doutrina da socialização do Direito, mais do que nunca o hermeneuta despreza o *fiat justitia, pereat mundus*- e se orienta pelas *consequências* prováveis da decisão a que friamente chegou.

França (1988) explicita que é conhecida a metáfora de Aristóteles utilizada para diferençar a justiça da equidade. Dizia o filósofo que a primeira corresponderia a uma régua rígida, ao passo que a outra se assemelharia a uma régua maleável, capaz de se adaptar às anfractuosidades do campo a ser medido. Sem quebrar a régua (que em latim é *regula, ae*, do mesmo modo que regra), o magistrado, ao medir a igualdade dos casos concretos, vê-se por vezes na contingência de adaptá-las aos pormenores não previstos e, não raro, imprevisíveis pela lei, sob pena de perpetrar uma verdadeira injustiça e, assim, contradizer a própria finalidade intrínseca das normas legais.

Não há como deixar de reconhecer que, *in abstracto*, é impossível prever todas as condutas que mereçam tratamento legal, e consequentemente venham a ser disciplinadas pelo Direito. Aliás, em qualquer ordenamento jurídico essa tentativa, se feita, será fadada ao insucesso porque o ser humano, por essência mutante, revelará uma nova condição ou particularidade, que não prevista anteriormente. Assim, se torna imperiosa a utilização da equidade como forma de fazer justiça a casos particularizados. Por fim, vale ressaltar que a equidade é valoração advinda da filosofia e, sob esse caráter, isto é, como valor, pode e deve permear todos os princípios gerais do direito.

Os legisladores brasileiros entendem por "julgamento de equidade" não a adaptação do direito abstrato aos fatos concretos, mas sim o abandono completo do ordenamento jurídico por parte do juiz para que ele então decida "por equidade", ou seja, valendo-se apenas de sua consciência, talvez de um direito natural, ou ainda dos chamados princípios gerais de direito. Em linhas gerais a arbitragem por equidade é aquela em que o árbitro decide a controvérsia fora das regras de direito de acordo com seu real saber e entender. Poderá reduzir os efeitos da lei e decidir de acordo com seu critério de justo. Para que o árbitro possa decidir por equidade as partes devem prévia e expressamente autorizá-lo.

A arbitragem proporciona às partes envolvidas o exercício do livre arbítrio e do direito de escolha, conduzindo-as a uma reflexão, na medida em que são elas que estabelecem, de certa forma, as regras gerais que guiarão e ordenarão o procedimento. Essa liberdade é amparada pela Lei n. 9307 de 23 de setembro de 1996, que em seu art. 2.º determina que:

> A arbitragem poderá ser de direito ou de equidade, a critério das partes:
>
> § 1º Poderão as partes escolher, livremente, as regras de direito que serão aplicadas na arbitragem desde que não haja violação aos bons costumes e à ordem pública.

§ 2° Poderão, também, as partes convencionar que a arbitragem se realize com base nos princípios gerais de direito, nos usos e costumes e nas regras internacionais do comércio.

Observa-se que essa liberdade das partes não é total, eis que sabiamente e em defesa da ordem pública, da moral e dos bons costumes, o legislador estabeleceu limites claros no primeiro parágrafo do referido artigo.

À referida mudança parece sensata no sentido de que devemos usar da equidade para tentar solucionar as lides de menor complexidade, nesta modalidade os árbitros têm uma liberdade de julgamento mais elástica, o que é útil para determinados tipos de lide que envolva conhecimentos técnicos especializados, os quais a legislação vigente não conseguiu regularizar.

Na arbitragem por equidade podemos entregar a solução da controvérsia diretamente aos cuidados de um especialista retirando a figura do juiz e do perito da lide. A confusão é, portanto, patente. O que é equidade? Decidir não juridicamente, mas julgar valendo-se dos princípios gerais do direito? A questão complica-se ainda mais, uma vez que modernamente entende-se os princípios jurídicos como normas, ou seja, como pertencentes ao ordenamento jurídico (GALUPPO, 1999).

Já em outra linha de pensamento a arbitragem de direito encerraria, ou ao menos pareceria encerrar, evidentemente um nível de segurança muito maior do que deixar ao árbitro decidir segundo a equidade. O legislador, ao permitir a escolha pelo "julgamento de equidade", confiava no senso de justiça inerente às pessoas (no caso, os árbitros). Tal aposta, todavia, pode se frustrar, em face das discordâncias verificadas cotidianamente entre as pessoas sobre todos os assuntos onde alguma questão moral esteja implicada. Se nos "julgamentos de direito", como se pode facilmente observar, as discordâncias entre os juízes togados são muitas vezes radicais, embora sustentadas no mesmo ordenamento jurídico, é de se imaginar o que não aconteceria nos julgamentos onde os árbitros sejam expressamente autorizados a não justificarem juridicamente suas decisões. Talvez um árbitro interprete o mesmo caso de forma totalmente diversa de um colega seu. Com efeito, fica difícil a justificação de uma decisão em um "julgamento de equidade". Tem razão Ronald Dworkin (1999) quando trata da problemática justiça *versus* segurança jurídica. Embora não possamos abrir mão da justiça das decisões jurisdicionais, também não podemos abrir mão de uma certa segurança jurídica, pois ela também é responsável pela garantia da justiça.

Conclusões

Como abordado anteriormente no presente estudo, a lei que estabelece o procedimento arbitral no brasil, proporciona aos destinatários da norma a possibilidade de escolha sobre o método de arbitragem, que será aplicado em caso concreto, incontestavelmente efeito da liberdade contratual. Sendo assim, são opções apresentadas na lei: a arbitragem de equidade e a arbitragem de direito. A aplicação da arbitragem por meio da equidade ao caso concreto, consiste em o arbitro responsável pelo caso, decidir com critérios próprios, o conflito existente. As partes ao acordarem com a arbitragem por equidade, precisam redobrar a atenção no decorrer do processo para garantir a tramitação eficaz e a solução do litígio de maneira satisfatória. Visto que, no processo comum temos um conjunto de regras e princípios que regem o modo em que o juiz irá decidir. Tendo como finalidade uma solução livre de vícios e sem prejuízos aos princípios constitucionais.

A arbitragem como método para solução de conflitos, consiste em um dos meios amplamente disseminados pelos sistemas normativos existentes, devido a celeridade proporcionada pelo próprio processo, esse funciona basicamente como definiram previamente as partes interessadas, respeitando evidentemente o que preceitua o ordenamento jurídico. O processo arbitral tem ainda como diferencial a liberdade contratual, ainda que limitada pela norma que o regulariza. Outro elemento que tornou o juízo arbitral atrativo é ampliação dos mercados, reflexo de um mundo globalizado.

Nesse contexto, foi introduzida no sistema normativo brasileiro de modo mais pertinente com anteriormente citada lei 9.307, de 23 de setembro de 1996 e ao longo de quase vinte e dois anos continua sendo extremamente presente e relevante as discussões relativas a sua aplicação.

O modelo arbitral tal qual como conhecemos atualmente é fruto de uma construção e evolução histórica. Entretanto, a doutrina releva semelhanças entre o processo arbitral utilizado na Grécia antiga com a arbitragem vigente e aplicada nas relações jurídicas do Direito Brasileiro. Esse modelo de arbitragem tem base também nos povos romanos que faziam uso desse mecanismo para solucionar as contendas. Todavia, é importante salientar as características desse instituto jurídico e o diferenciar de outros que por proximidade de objetivos, sejam inadequadamente utilizados como sinônimos.

A arbitragem quanto a sua natureza jurídica temos divergência doutrinaria e consequentemente algumas correntes teóricas surgiram. Desse modo, temos a corrente privatista, publicista e a mista. A corrente privatista reconhece apenas a natureza contratual desse instituto. A Publicistas, que enxerga como jurisdição o processo arbitral, por ser conferido ao árbitro o poder de decidir a controvérsia. A corrente mista, como a própria nomenclatura evidencia, engloba ideias privatistas e publicistas para essa teoria o que difere é o momento do processo arbitral

Diversas são as vantagens para que se eleja a Arbitragem e não o Judiciário para solucionar conflitos que envolvam direitos disponíveis e dentre elas está o modo pelo qual o árbitro "julgará" cada caso. No Judiciário os juízes tomam por base as leis e tem livre convencimento para julgar. Na arbitragem, os árbitros seguem a orientação que as partes escolherem, e ela pode ser: (i) arbitragem de Direito: é aquela em que os árbitros decidirão a controvérsia fundamentando-se nas regras de direito; (ii) arbitragem por equidade: é aquela em que o árbitro decide a controvérsia fora das regras de direito de acordo com seu real saber e entender. Poderá reduzir os efeitos da lei e decidir de acordo com seu critério de justo. Para que o árbitro possa decidir por equidade as partes devem prévia e expressamente autorizá-lo.

Todavia, as primeiras conclusões é que a equidade é arma de dois gumes. Se, por um lado, permite ao juiz a aplicação da lei de forma a realizar o seu verdadeiro conteúdo espiritual, por outro lado pode servir de instrumento às tendências legiferantes do julgador, que, pondo de lado o seu dever de aplicar o direito positivo, com ela acoberta sua desconformidade com a lei. O juiz não pode reformar o direito sob pretexto de julgar por equidade, nem lhe é dado negar-lhe vigência sob fundamento de que contraria o ideal de justiça. A observância da equidade, em si, não é um mal, porém a sua utilização abusiva é de todo inconveniente. Seu emprego há de ser moderado, como temperamento do rigor excessivo ou amenização da crueza da lei.

Salienta-se que apesar de toda a segurança de um processo regulamentado pelas normas processuais vigentes, não raramente encontra-se decisões diversas sobre o mesmo tema inclusive sobre o mesmo litígio. Isso ocorre pois no rol de requisitos para formação da norma, é presente a características da abstratividade. No direito pátrio não utilizamos uma tese nova para cada caso, tampouco legisla -se para um caso concreto.

Referências

CARMONA, Carlos Alberto. Arbitragem e processo: um comentário à lei 9.307/96. São Paulo: Malheiros, 1998.
DWORKIN, Ronald. O império do direito. São Paulo: Martins Fontes, 1999.
FERRAZ JR., Tércio Sampaio. Introdução ao estudo do direito. Técnica, decisão, dominação. São Paulo: Atlas, 1987.
FRANÇA, Rubens Limongi. *Hermenêutica Jurídica*. São Paulo: Saraiva. 1988.

GALUPPO, Marcelo Campos. Os princípios jurídicos no estado democrático de direito. Ensaio sobre o modo de sua aplicação. São Paulo: Revista de Informação Legislativa, ano 36, nº 143, julho/setembro de 1999. p. 191 a 209.

GONÇALVES, Marcus Vinicius. Direito processual civil. São Paulo: Saraiva, 2017.
JR.MOTTA.et al. Manual de arbitragem para advogados. Brasília: CACB/OAB, 2014.

LOPES, Mônica Sette. A equidade e os poderes do juiz. Belo Horizonte: Del Rey, 1993.

MAXIMILIANO, Carlos. Hermenêutica e Aplicação do Direito. Rio de Janeiro: Forense. 2003.

NADER, Paulo. Introdução ao estudo do direito. Rio de Janeiro: Forense, 2014.

A ARBITRAGEM INTERNACIONAL COMO MEIO ALTERNATIVO DE SOLUÇÃO DE CONTROVÉRSIAS: O PROCEDIMENTO BRASILEIRO DE HOMOLOGAÇÃO DA SENTENÇA ARBITRAL ESTRANGEIRA

Ana Cláudia Alves Cunha Paiva

Notas introdutórias

Nos mais diversos âmbitos civis, empresariais e da administração pública, a busca por soluções alternativas de litígios tem sido uma constante, ante a necessidade de agilidade na resolução de controvérsias oriundas das relações humanas e comerciais. Para além da questão temporal, por vezes, a falta de um conhecimento por parte dos Juízes da jurisdição estatal comum quanto a um conteúdo mais técnico e específico da lide, pode resultar em decisões judiciais que não atendam as expectativas de nenhuma das partes. Dentre as modalidades alternativas de resolução de conflitos existentes há a arbitragem, que representa o meio extrajudicial em que as partes submetem questões litigiosas existentes ou futuras à apreciação de um árbitro ou de um tribunal arbitral. Nesta modalidade será um árbitro, terceiro escolhido pelas partes, ou um juízo arbitral, o responsável por impor a solução ao caso concreto, sendo tal decisão equiparada a uma sentença judicial comum e tendo a mesma eficácia.

No Brasil, com a promulgação da Lei nº 9.307/96, cujo conteúdo dispõe sobre a arbitragem, foi dada maior amplitude à utilização da modalidade no país. O presente trabalho aborda, portanto, a crescente relevância da arbitragem enquanto modalidade de resolução de conflitos mais rápida e especializada, tanto no âmbito nacional como internacional, dando enfoque a este último, passando para análise do contexto de inserção das decisões arbitrais estrangeiras no ordenamento jurídico brasileiro.

Atualmente, a utilização da arbitragem vem sendo incrementada pela rapidez, especialização dos árbitros, imparcialidade, neutralidade e sigilo característicos. Estes elementos, como se verá mais adiante, há muitos séculos já fora percebida em outros países, sendo método de intenso uso na resolução de conflitos – principalmente de cunho comercial - entre indivíduos de diferentes nacionalidades e entre Estados. Contudo, no Brasil, apesar de estar prevista desde a Constituição Federal de 1824, só adquiriu maior relevância e instrumentalidade a partir da publicação da Lei 9.307/96.

Assim, diante do aumento da importância deste método para a solução de litígios nos últimos anos, principalmente daqueles oriundos das relações comerciais, neste trabalho busca-se conceituar a arbitragem, tendo como foco a análise deste instrumento no ambiente internacional, destacando os tipos, suas principais características, seus princípios, para, por fim, destacar os principais pontos do procedimento de homologação da sentença arbitral estrangeira pelo ordenamento jurídico brasileiro. Para tanto, o trabalho utiliza o método de abordagem de pesquisa exploratória, fazendo uso de levantamento bibliográfico e legislação vigente no Brasil acerca da temática, de modo a definir e apontar os marcos histórico e conceituais mais importantes, de modo a entender os principais aspectos do procedimento de homologação da sentença arbitral estrangeira no Brasil.

Aspectos Gerais e Legais da Arbitragem

Problemáticas como o excesso de ações judiciais, o reduzido numero de juízes que devem atender a uma crescente demanda por prestação jurisdicional – o que acarreta em uma demora na finalização dos processos - bem como a imprevisibilidade, e por vezes a ausência de tecnicidade dos julgados são algumas dos motivos que fazem com que grandes corporações busquem métodos alternativos, mais céleres, mais técnicos que jurídicos na resolução de conflitos, e dentre estes, destaca-se a arbitragem, mediante a possibilidade de escolha de um terceiro pelas partes para resolução do conflito.

De modo conceitual, a arbitragem materializa-se como um método alternativo de solução de conflitos, regido no Brasil pela Lei 9.307/96, e que tem por objetivo solucionar controvérsias e citígios que envolvam direitos patrimoniais disponíveis, sem a participação do poder judiciário. Seu escopo de atuação abrange desde conflitos de interesses pessoais de pequena monta, até grandes controvérsias empresariais ou estatais, sempre que não estejam restritos pela legislação. A arbitragem tem como princípios basilares a boa-fé e a autonomia da vontade das partes, assim como suas fontes podem ser contratuais e consensuais, mesmo existindo ordenamentos jurídicos estatais que tratem destes conflitos. Cabe ressaltar que a possibilidade de resolução de um conflito pela arbitragem é uma faculdade oferecida às partes, e por elas decidida, sendo por tal chamada de arbitragem voluntária, uma vez que as partes decidem previamente ou quando na ocorrência do litígio solucioná-lo através desta modalidade.

Conforme Lima (2011) observa, anteriormente à publicação da Lei n° 9.307/96, o ordenamento jurídico brasileiro ainda não possuía instrumentos legais que favorecessem a prática da arbitragem no país, enquanto há séculos vem sendo utilizada em países desenvolvidos. Teve o seu marco inicial no ordenamento jurídico brasileiro apenas com a promulgação da referida lei, chamada Lei da Arbitragem. Também conhecida como a Lei Marco Maciel, foi criada especificamente para introduzir no sistema jurídico brasileiro o juízo arbitral, atribuindo à sentença arbitral os mesmos efeitos da sentença proferida no âmbito do Judiciário. Contudo, ainda hoje, não há na legislação brasileira critérios mais expressivos que delimitem as lides suscetíveis à arbitragem, apenas restringindo o seu uso para dirimir conflitos relativos a direitos patrimoniais disponíveis.

O escopo de utilização da arbitragem também alcança as controvérsias ocorridas no meio internacional, desde entre Estados e atores estatais, até os conflitos envolvendo particulares de nacionalidades diferentes. Com a adesão brasileira à Convenção sobre o Reconhecimento e a Execução de Sentenças Arbitrais Estrangeiras, conhecida como "Convenção de Nova Iorque", o Brasil fez seu ingresso no âmbito da arbitragem internacional, e conseqüentemente, fomentou suas transações comerciais internacionais, uma vez que com tal adesão, tornou-se um país mais confiável, pelo fato de que como signatário desta convenção, também promoverá a garantia de que as sentenças arbitrais prolatadas em âmbito internacional serão igualmente conhecidas e executadas na circunscrição do território nacional, respeitando assim os seus ditames. Essencialmente, quanto aos regramentos relativos à arbitragem internacional, a Lei 9.307/96 compartilha dos mesmos princípios da Convenção de Nova Iorque. (LIMA, 2011)

A legislação brasileira não especifica quanto à diferenciação entre os conceitos de arbitragem doméstica ou internacional, apenas utiliza o critério geográfico, qual seja identificar em qual país está a sede do Tribunal Arbitral. Se tiver sede no país, a sentença arbitral será considerada nacional, caracterizando uma arbitragem interna, ainda que estejam envolvidas partes sediadas no exterior, ou houver incidência de leis estrangeiras ou mesmo objeto conectado a país diverso, do contrário, a sentença arbitral é considerada internacional. Conclui-se, portanto que, sob a ótica da Lei brasileira, nº 9.307/96, não há precisamente a chamada arbitragem internacional, mas apenas a chamada sentença arbitral estrangeira, que possui previsão nos artigos 34 a 40 da respectiva lei, que trata da homologação das sentenças arbitrais proferidas no estrangeiro, para fins de execução na justiça brasileira (idem, 2011).

A Arbitragem Internacional

A globalização, o desenvolvimento acelerado do comércio internacional e o aprofundamento da integração entre os países são um dos fatores que explicam a atual realidade mundial e que podem justificar a intensa utilização da arbitragem na resolução de controvérsias entre estes, através da busca por remover ou amenizar os obstáculos e conflitos de interesses decorrentes da forma de estruturação do sistema internacional, ante a inexistência de um ente ou organização que se sobreponha aos Estados e que tenha capacidade jurisdicional sobre eles. Nesse sentido, Najjar (2012) conclui que, a arbitragem internacional veio, portanto como um meio de solução de conflitos entre partes que são domiciliadas em países diferentes, bem como entre Estados diferentes, funcionando como uma "jurisdição de direito comum" nas relações econômicas internacionais e privadas. Para além desses fatores, devido às diferentes legislações, às diferentes formas de interpretação da lei e à diversidade de formação dos profissionais, a arbitragem tem se tornado uma alternativa atraente, visto que, como um meio idôneo para solucionar conflitos, seria utilizado em situações que envolva pessoas de diferentes nacionalidades e domicílios, ou em que a execução do contrato envolva diversas legislações e foros. Portanto, denota-se a arbitragem como uma forma rápida, eficiente e neutra de solução de conflitos nas relações internacionais.

Semelhantemente, Barbosa Junior (2011) aponta que, apesar da utilidade do processo judicial na resolução de conflitos, sob a tutela do Estado e exercido por Magistrados qualificados, as necessidades econômicas e estruturais do mundo capitalista por vezes descartariam a via judicial ante a necessidade de que alguns conflitos sejam solucionados em tempo hábil. Nesse sentido, a arbitragem representaria o papel de um mecanismo adequado ao dinamismo desta economia de mercado, passando a ser aceito amplamente no mundo das transações comerciais. E estes seriam alguns dos argumentos em defesa do uso de alternativas de resolução de litígios, principalmente, no âmbito internacional.

A arbitragem é um método de resolução de conflitos dentre as chamadas ADR – Alternative Dispute Resolution– em que o conflito é decidido por um árbitro privado escolhido pelas partes por uma convenção também privada. Conforme Valério (2010) conceitua, a arbitragem é um meio extrajudicial de resolução de conflitos, com a capacidade de resolução de conflitos contratuais, e que é estabelecida como meio de solução antes ou depois do surgimento da controvérsia, através da cláusula arbitral ou do compromisso arbitral. Esse instituto permite às partes escolher tanto o árbitro quanto a sede e as leis aplicáveis à arbitragem, o que é especialmente relevante no contexto do comércio internacional. Caracteriza-se como um método ligado ao direito que rege o comércio internacional e o direito internacional público e privado. Barbosa Junior (2011) aponta que este método acompanharia um processo de relativização da soberania estatal e de construção de leis que superem aquelas do comércio nacional, seja sob a forma de tratados e convenções como de recomendações e "leis-modelo".

Conforme Najjar (2012) aponta, no âmbito internacional existem duas modalidades de arbitragem, sendo elas: a arbitragem internacional pública, que é aquela aplicada às relações jurídicas que envolvam sujeitos de direito público, como por exemplo, Estados Soberanos; e a arbitragem internacional privada, sendo aquela aplicada às relações jurídicas entre sujeitos de direito privado. Em geral, a arbitragem internacional pública diz respeito à arbitragem realizada entre Estados soberanos, e trata de assuntos de cunho políticos e/ou territoriais; ou ainda, questões provenientes de acordos internacionais. Enquanto no âmbito da arbitragem internacional privada, em sua grande maioria, trata de questões de comércio internacional. E é neste âmbito privado que a arbitragem internacional tem maior escopo de uso, o que não nega a sua importância na esfera do direito público internacional, todavia, são as questões referentes ao direito comercial internacional que têm maior volume. Nesse sentido, Valério (2010) aponta que grande parte das relações comerciais internacionais tem optado pela arbitragem como principal forma de composição de divergências, sendo poucas as áreas que dela não utilizam.

Para se estabelecer o procedimento da arbitragem, em um primeiro momento é necessária a concordância das partes em fazê-lo, ou seja, a arbitragem não ocorrerá sem a vontade unânime dos envolvidos no conflito. A opção pela arbitragem deve ser expressamente declarada pelas partes através de uma convenção ou pacto arbitral. Portanto, a cláusula ou compromisso arbitral; o órgão arbitral e o procedimento arbitral são necessários para instrumentalização da arbitragem. A cláusula arbitral é a modalidade de submissão de um conflito à arbitragem mais comum na seara internacional, e esta se refere à convenção entre as partes em um contrato, que determina que a será a arbitragem a modalidade designada de resolução de possíveis conflitos oriundos deste contrato. (NAJJAR, 2012)

Conforme Lima (2011) aponta, são inúmeros os fatores que propiciam a opção pela arbitragem no cenário internacional, dentre eles, temos a questão da inevitável morosidade do Poder Judiciário em solucionar os litígios a ela encaminhados, a possível falta de conhecimentos técnicos dos Juízes em compreender a complexidade de uma transação comercial internacional, bem como a inexistência no Brasil de Varas especializadas em assuntos internacionais. Para, além disso, podemos listar a facilidade em se instituir um tribunal arbitral, a agilidade com que as controvérsias são solucionadas, a celeridade mediante a qual o tribunal pode atuar aliado ao baixo custo processual, são outros motivos que podem justificar a escolha da arbitragem.

Em termos gerais não há diferença entre arbitragem nacional e a arbitragem internacional, uma vez que ambas têm por objeto a solução de litígios, através da aplicação de regras previamente escolhidas pelas partes e por julgadores não governamentais por elas designados, cujas decisões são passíveis de execução forçada, bem como coerção dos juízes ou tribunais estatais, portanto, o que as diferencia são as partes que as compõem e o território aonde se estabelecem. Dentro da noção de arbitragem internacional temos as chamadas arbitragens interestatais, com características e peculiaridades próprias. Esta está inserida no Direito Internacional Público e tem como árbitros os chefes de Estado. A função desta modalidade de arbitragem é a busca da solução dos diversos litígios presentes nas relações interestatais, inclusive, conflitos comerciais. Ademais, os princípios basilares que regem ambas modalidades são os mesmos: autonomia das vontades das partes e a boa-fé. (LIMA, 2011)

A determinação da nacionalidade de uma arbitragem é necessária por alguns motivos, sendo eles: a fixação da lei que irá regular a arbitragem, que em princípio, será dessa nacionalidade; a fixação do tribunal estatal que poderá vir a ter jurisdição sobre o processo arbitral, na necessidade de uma intervenção estatal como a obtenção de uma cautelar ou mesmo na imposição judiciária de se realizar a arbitragem; e por fim, identifica o procedimento a ser seguido na execução do laudo arbitral. Cabe destacar que a escolha do ordenamento jurídico a ser aplicado pode ser feita a qualquer momento do processo. Tanto no momento da celebração contratual, vindo como cláusula autônoma, ou posteriormente ao surgimento da controvérsia.

Entretanto, caso as partes não tenham estipulado previamente qual Lei deva ser aplicada ao litígio, caberá ao árbitro, com perfeita liberdade, fixar a lei a ser aplicada ao mérito da questão, sem precisar, para tanto, necessariamente, recorrer às regras de conexão do lugar da arbitragem ou de qualquer outro lugar, principalmente quando entender aplicável o 'princípio da proximidade' no caso concreto. Pelo 'princípio da proximidade' o árbitro deve optar, na solução do conflito, pela lei mais próxima da realidade das partes e do próprio litígio, o que não precisa, necessariamente, vincular-se apenas à questões territoriais. (LIMA,2011).

Conclui-se, portanto, que com a instituição da arbitragem, as partes abnegam do direito do litígio ser resolvido pela Jurisdição Estatal, optando pela justiça privada, composto por um único árbitro ou mais, sendo estes designados, em princípio pelas partes, ou por uma entidade por elas indicada. Com isso, a Convenção de

Arbitragem, por força de seus efeitos possui a prerrogativa de afastar a jurisdição das justiças estatais tanto do país de uma parte como de outro, garantindo um julgamento imparcial e livre de qualquer influência tendenciosa. E, portanto, a mediação e arbitragem internacional têm sido consideradas os métodos preferenciais nas soluções de conflitos de cunho internacional, uma vez que possibilitam a criação de procedimentos personalizados para a solução das disputas a partir de um foro neutro.

A Convenção de Nova York

Existem diversos tratados e convenções internacionais que constituem o conjunto de normas que regulam a arbitragem internacional, tais como a Convenção Interamericana sobre Arbitragem Comercial Internacional (de 1975), a Convenção de Nova Iorque sobre o Reconhecimento e a Execução de Sentenças Arbitrais Estrangeiras (de 1958) e as regras de mediação e de arbitragem da convenção referente à constituição da MIGA (Multilateral Investment Guarantee Agency). Dentre outros tratados multilaterais importantes, destaca-se o Protocolo de Genebra sobre cláusulas arbitrais de 1923, a Convenção de Genebra referente à Execução de Laudos Arbitrais Estrangeiros de 1927, a Convenção Européia sobre Arbitragem Comercial Internacional de 1961 e a Convenção de Washington de 1965 para a Solução de controvérsias sobre Investimentos entre Estados e Nacionais de outros Estados.

A Convenção de Nova York, também denominada de Convenção sobre o Reconhecimento e Execução de Sentenças Arbitrais Estrangeiras, ocorrida no ano de 1958 caracteriza um importante diploma internacional de caráter multilateral em matéria de arbitragem. Atualmente, ratificada por mais de 140 países, representa uma das normas internacionais com maior participação internacional. No Brasil, a convenção foi ratificada no ordenamento jurídico por meio do Decreto nº 4.311 de 2002. Como o próprio sítio eletrônico da UNCITRAL aponta, a convenção representou o reconhecimento da crescente importância da arbitragem internacional como um meio de solução de disputas comerciais internacionais. Seu objeto central foi o de fornecer padrões comuns para o reconhecimento de sentenças arbitrais por tribunais domésticos e para tanto, tinha como principal objetivo é que a sentença arbitral internacional não sofresse discriminação quanto à sentença arbitral nacional, e tivesse a mesma força coercitiva que esta de modo a obrigar as partes a cumprir seus ditames.

A Convenção pode ser ratificada por qualquer Estado membro das Nações Unidas, bem como por qualquer Estado que seja membro de qualquer agência especializada das Nações Unidas, ou seja, que seja parte do Estatuto do Tribunal Internacional de Justiça. Conforme Wald (2014) aponta, as origens da Convenção de Nova Iorque remetem ao início do século XX, com o aumento das transações comerciais entre vários países, ou seja, muito antes da assinatura desta convenção, a arbitragem já era reconhecida como um mecanismo eficaz na resolução de conflitos no meio internacional. A convenção criou, portanto, apenas a estrutura e regramento sobre o qual deve estar apoiada a arbitragem comercial internacional.

Todavia, conforme já apontado anteriormente, a temática da arbitragem internacional ganhou espaço tardiamente no ordenamento jurídico brasileiro, uma vez que diferentemente de países europeus e dos Estados Unidos, o comércio internacional só passou a ter reflexos no cotidiano brasileiro com a abertura da economia, na década de 1990; justamente na década em que foi formulada a Lei da Arbitragem. (WALD, 2014).

A Convenção de Nova York se mostrou como um importante marco na questão da arbitragem internacional, ao passo que concedeu grande foco à garantia aos signatários da efetividade das decisões arbitrais. A convenção, ratificada por mais de 140 países, em suma determina que se faça valer:

a) o reconhecimento dos contratos por escrito de arbitragem internacional,

b) a recusa quanto à permissão de uma disputa litigiosa entre as partes quando tal discussão é sujeita à um contrato arbitral, e

c) o reconhecimento e execução das decisões arbitrais proferidas em território distinto daquele que se busca o reconhecimento e execução das mencionadas decisões. (FREITAS, 2002)

Portanto, a Convenção de Nova Iorque tem por objetivo essencial regular o reconhecimento e aplicação em um Estado de decisões arbitrais proferidas em outro Estado, uma vez que determina que os Estados devam reconhecer os acordos escritos pelos quais as partes em uma relação jurídica, contratual ou não, determinaram submeter à arbitragem as divergências existentes, que podem ou não ter caráter comercial, e que sejam passíveis de solução por este método.

Percebe-se que a instauração da Convenção de Nova Iorque visou dar maior segurança às partes envolvidas em uma arbitragem internacional, uma vez que confere aos países signatários uma grande possibilidade de reciprocidade entre eles enquanto parceiros comerciais, uma vez que prevê uma maior agilidade no reconhecimento e execução das decisões arbitrais (idem, 2002).

Conforme Carvalho e Lopes (2013) observam, a Convenção de Nova Iorque é, portanto, um instrumento multilateral de sucesso principalmente no campo do comércio internacional, uma vez que se posiciona como elemento central em meio aos diversos tratados e leis de arbitragem que garantem a aceitação de sentenças arbitrais e convenções de arbitragem.

Procedimento brasileiro de Homologação da Sentença Arbitral Estrangeira

Em decorrência da noção de soberania, de que um Estado Soberano não reconhece acima de si nenhum outro poder, os limites da jurisdição de cada Estado são circunscritos ao seu limite territorial, o que acarreta como Valério (2010) observa, ao fato de que a sentença arbitral proferida no estrangeiro não tem a imediata eficácia que uma sentença nacional. E por tal motivo, esta decisão se sujeita a processo específico de homologação e execução, determinado a partir da assinatura de Tratados e/ou Convenções Internacionais com eficácia no ordenamento interno, cujo determinem aos Estados signatários o procedimento para homologação de sentenças estrangeiras, mitigando parte da soberania destes Estados. E é apenas através desse procedimento que uma sentença exarada em âmbito extraterritorial passará a ter a mesma eficácia que uma sentença proferida em âmbito nacional.

A partir da Convenção de Nova York de 1958, o sistema de delibação para a homologação de laudos estrangeiros foi adotado. Esse sistema determina que o órgão de controle deve se restringir à verificação apenas da presença dos requisitos necessários para a homologação. Logo, o órgão não pode adentrar em um reexame do mérito das questões decididas na sentença arbitral, devendo restringir-se à análise dos requisitos formais da petição de homologação, não sendo capaz para analisar questões de mérito. (STORTI, 2013).

Com a adesão brasileira à Convenção de Nova Iorque em 17 de junho de 2002, o procedimento de homologação de sentença arbitral estrangeira sofreu modificação, sendo designado ao STF a competência para homologação destas decisões, de modo a conferir a estas eficácia no ordenamento jurídico brasileiro, não mais sendo necessária a exigência da chamada dupla homologação como outrora. Anteriormente à Lei de Arbitragem, o procedimento de reconhecimento de sentenças estrangeiras exigia uma dupla homologação, onde, primeiro a sentença deveria ser sancionada pelo órgão judiciário competente do país de origem, para que então, fosse homologada pelo órgão judiciário competente brasileiro.

A homologação de uma sentença estrangeira caracteriza o processo, segundo Valério (2010), por meio do qual a justiça nacional exerce controle sobre alguns dos elementos e aspectos da sentença proferida no estrangeiro, a fim de verificar se a mesma cumpre com as condições exigidas pela lei interna, ou pelo tratado internacional aplicável ao caso, para ser executada em território nacional. Este controle não envolve a análise de quaisquer questões de mérito da decisão, mas apenas a avaliação de requisitos formais.

Com o fim da exigência da dupla homologação, Barbosa Junior (2011) classifica que o ordenamento jurídico brasileiro adotou o sistema territorialista ou monista, onde são denominadas sentenças arbitrais nacionais aquelas proferidas em território nacional, enquanto sentenças estrangeiras dirão respeito aquelas proferidas fora do território brasileiro, o que está materializado no parágrafo único do Art. 34 da Lei de Arbitragem[5].

Conforme Barbosa Junior (2011) observa, com a entrada em vigor da Emenda Constitucional n° 45, a competência para reconhecimento e homologação de sentenças estrangeiras, bem

---

[5] "Art. 34. Parágrafo único. Considera-se sentença arbitral estrangeira a que tenha sido proferida fora do território nacional."

como o trâmite de cartas rogatórias foi deslocada do Supremo Tribunal Federal (STF) para o Superior Tribunal de Justiça. A partir disto, o STJ editou várias resoluções internas até a atual n. 09 de 04 de maio de 2005, cuja fora revogada pela Emenda Regimental nº 18 de 17 de dezembro de 2014, incluindo novos dispositivos ao Regimento Internacional daquele Tribunal.

Tal emenda[6] prevê que é de atribuição do Presidente do Tribunal homologar a sentença estrangeira, e determina que esta não tenha eficácia caso não seja homologada previamente por aquele Tribunal. Outro Artigo que fora incluído no regimento é o Art. 216-F cujo determina que não será homologada a sentença estrangeira que venha a ofender a soberania nacional, a dignidade da pessoa humana e/ou a ordem pública. O Art. 216-L determina-se que o Ministério Público Federal terá vista dos autos pelo prazo de dez dias, podendo inclusive, impugnar o pedido de homologação. Por fim, o Art. 216-N determina que tal sentença será executada a partir de carta de sentença no Juízo Federal competente.

Além dos preceitos previstos no regimento interno do STJ, a lei de arbitragem também determina algumas regras. No caput do Art. 34 da lei, há a previsão de que a sentença será reconhecida ou executada no Brasil a partir das regras de direito trazidas por tratados internacionais com eficácia no ordenamento interno e, na sua ausência, estritamente de acordo com os termos daquela Lei.

Também determina o Art. 35 da Lei 9.307/96 que, para que seja reconhecida ou executada pelo ordenamento jurídico brasileiro, a sentença arbitral estrangeira está sujeita unicamente à homologação pelo Superior Tribunal de Justiça[7]. Para isso, sinteticamente, o art. 37 da Lei de Arbitragem prevê os requisitos formais referentes ao pedido de homologação, cujo deve se instrumentalizar através de petição inicial que, deve obedecer aos requisitos postos pelo Código de Processo Civil, e estar acompanhada da sentença arbitral e da convenção de arbitragem referentes a lide devidamente certificadas e autenticadas, conforme especificados pelos I e II

---

[6] Fonte: BDJUR/STJ <http://bdjur.stj.jus.br/dspace/handle/2011/83924>
[7] "Art. 35. Para ser reconhecida ou executada no Brasil, a sentença arbitral estrangeira está sujeita, unicamente, à homologação do Superior Tribunal de Justiça."

deste mesmo artigo:

> Art. 37. A homologação de sentença arbitral estrangeira será requerida pela parte interessada, devendo a petição inicial conter as indicações da lei processual, conforme o art. 282 do Código de Processo Civil, e ser instruída, necessariamente, com:
>
> I - o original da sentença arbitral ou uma cópia devidamente certificada, autenticada pelo consulado brasileiro e acompanhada de tradução oficial;
>
> II - o original da convenção de arbitragem ou cópia devidamente certificada, acompanhada de tradução oficial.

Destarte, o requerimento da homologação deve ser feito através de petição inicial, contendo os requisitos do artigo 319 do CPC/2015. O Superior Tribunal de Justiça irá examinar se há a presença desses requisitos, e na falta de um deles, remete ao autor para que a emende ou adite no prazo de dez dias. Quando deferida, é determinada a citação do réu para apresentar contestação em até quinze dias. Na contestação, o réu só pode alegar as hipóteses elencadas nos artigos 38 e 39 da Lei de Arbitragem, pois se trata de homologação de decisão com natureza meramente deliberatória. (STORTI, 2013).

Quanto aos requisitos para admissibilidade do pedido de homologação, Valério (2010) identifica que, a sentença a que se pretende homologar não deve caracterizar ofensa à soberania nacional, à ordem pública e aos bons costumes. Além destes elementos, há também os chamados requisitos positivos e negativos. Os negativos diriam respeito aqueles elementos que impediriam a admissibilidade e reconhecimento da decisão estrangeira perante o ordenamento jurídico nacional, e os positivos seriam aqueles que devem estar presentes para o acolhimento e recepção do pedido de homologação.

Um exemplo de possibilidade de negação da homologação ocorre quando o réu, em sede de contestação, provar que as partes quando do estabelecimento da convenção de arbitragem eram incapazes, ou que a parte que requereu a homologação é ilegítima. Como Valério (2010) pontua, são legítimas para o pedido quaisquer das partes interessadas na decisão, sendo este requisito essencial para o peticionamento.

Outras possibilidades denegatórias da homologação são, por exemplo, quando o réu provar que não foi devidamente notificado da designação do árbitro ou do procedimento arbitral, ou que se tenha violado o princípio do contraditório, impossibilitando sua ampla defesa.

Como se segue abaixo, os artigos 38 e 39 da Lei de Arbitragem trazem outras situações que ensejam a possibilidade de denegação da homologação:

Art. 38. Somente poderá ser negada a homologação para o reconhecimento ou execução de sentença arbitral estrangeira, quando o réu demonstrar que:

I - as partes na convenção de arbitragem eram incapazes;

II - a convenção de arbitragem não era válida segundo a lei à qual as partes a submeteram, ou, na falta de indicação, em virtude da lei do país onde a sentença arbitral foi proferida;

III - não foi notificado da designação do árbitro ou do procedimento de arbitragem, ou tenha sido violado o princípio do contraditório, impossibilitando a ampla defesa;

IV - a sentença arbitral foi proferida fora dos limites da convenção de arbitragem, e não foi possível separar a parte excedente daquela submetida à arbitragem;

V - a instituição da arbitragem não está de acordo com o compromisso arbitral ou cláusula compromissória;

VI - a sentença arbitral não se tenha, ainda, tornado obrigatória para as partes, tenha sido anulada, ou, ainda, tenha sido suspensa por órgão judicial do país onde a sentença arbitral for prolatada.

Art. 39. A homologação para o reconhecimento ou a execução da sentença arbitral estrangeira também será denegada se o Superior Tribunal de Justiça constatar que:

I - segundo a lei brasileira, o objeto do litígio não é suscetível de ser resolvido por arbitragem;

II - a decisão ofende a ordem pública nacional.

Parágrafo único. Não será considerada ofensa à ordem pública nacional a efetivação da citação da parte residente ou domiciliada no Brasil, nos moldes da convenção de arbitragem ou da lei processual do país onde se realizou a arbitragem, admitindo-se, inclusive, a citação postal com prova inequívoca de recebimento, desde que assegure à parte brasileira tempo hábil para o exercício do direito de defesa.

Também não há impedimento para apresentação de reconvenção pela parte ré, com o objetivo de reconhecer laudo ou parte de laudo arbitral que seja conexo ao processo de homologação daquele. A homologação será decidida pelo Presidente do Superior Tribunal de Justiça, cabendo agravo regimental da decisão, que, caso não seja acolhido pelo Presidente, é dirigido à Corte Especial, onde não caberá mais recursos (STORTI, 2013).

Cabe destacar que, uma vez que a sentença arbitral em apreço atenda aos requisitos, e seja homologada, a posterior execução da decisão não poderá mais ser objeto de pedido de nulidade ou de embargos. Sendo assim, a oportunidade para opor impedimentos a homologação da decisão é quando da contestação à petição de homologação feita por qualquer das partes interessadas. (VALÉRIO, 2010).

A denegação do pedido de homologação não significa a impossibilidade de postulação de novo pedido. Conforme o caput do art. 40 da mesma lei determina: *"Art. 40. A denegação da homologação para reconhecimento ou execução de sentença arbitral estrangeira por vícios formais, não obsta que a parte interessada renove o pedido, uma vez sanados os vícios apresentados."*

Com a assinatura da Convenção de Nova York, a Convenção sobre o Reconhecimento e a Execução de Sentenças Arbitrais Estrangeiras, promoveu-se uma garantia de que as sentenças que fossem arbitradas em âmbito internacional teriam o mesmo valor e eficácia em âmbito nacional. Como explicitado, no Brasil, atualmente a homologação da sentença arbitral estrangeira é de competência do STJ, depois de requerido por uma das partes e observados os requisitos necessários para tal feito. Percebe-se que a instauração da Convenção de Nova Iorque visou dar maior segurança às partes envolvidas em uma arbitragem internacional, uma vez que confere aos países signatários a possibilidade de reciprocidade enquanto parceiros comerciais, uma vez que prevê uma garantia no reconhecimento e execução das decisões arbitrais (FREITAS, 2002).

Conclusão

A arbitragem internacional hoje representa o papel de mecanismo principal na resolução de controvérsias tanto entre Estados, quanto entre particulares de diferentes nacionalidades. No Brasil, a arbitragem é regida pela Lei 9.307/96, cuja prevê este método para solução de litígios que envolvam direitos patrimoniais disponíveis, e para além disto, também prevê a homologação de sentenças arbitrais proferidas no estrangeiro. Como visto, a homologação de sentença arbitral demonstra-se como um fenômeno conseqüente das intensas transações comerciais e negociais internacionais, sendo consolidada a partir da Convenção de Nova Iorque em 1958. No Brasil, este fenômeno é ainda recente, tendo a arbitragem ganhando força apenas a partir da década de 90, com a promulgação da Lei 9.307/96, e passando a adotar o procedimento de homologação de sentença arbitral apenas em 2002, com a adesão à Convenção de Nova Iorque.

A Convenção sobre o Reconhecimento e a Execução de Sentenças Arbitrais Estrangeiras pretendeu estabelecer entre os Estados signatários a garantia de que as sentenças que fossem arbitradas em âmbito internacional teriam o mesmo valor que as sentenças judiciais domésticas e seriam reconhecidas e passíveis de execução em território nacional. Como explicitado, no Brasil o órgão responsável por este procedimento de homologação de sentença arbitral estrangeira é o STJ, cuja competência fora atribuída a partir da Emenda Constitucional N° 45 de 2004, através da Reforma do Judiciário.

Como visto, a arbitragem como método de solução de controvérsias ganhou forma concomitante ao desenvolvimento do comércio internacional, ante a necessidade de meios que promovessem o comércio mais igualitário e imparcial entre os Estados e suas empresas, de forma que os conflitos oriundos desta relação fossem resolvidos de forma mais célere e especializada. Neste contexto, a arbitragem representou mecanismo fundamental para a economia de mercado que surgia e exigia processos mais céleres e especializados.

Nos últimos anos no Brasil a discussão acerca de métodos alternativos de solução de conflitos ganhou força, ao passo que, a própria legislação processual mais recente, como o novo Código de Processo Civil, passou a elencar a conciliação entre as partes como princípio e imperativo processual. Nesse sentido, a importância concedida a métodos como a arbitragem ultrapassa as fronteiras do internacional, adentrando e se expandindo no ordenamento jurídico pátrio, e, portanto, ter conhecimento de seu procedimento, torna-se fundamental aos operadores do direito.

Referências Bibliográficas

BARBOSA JUNIOR, Márcio Mateus. Homologação e Execução de Sentenças Arbitrais Estrangeiras no Brasil. In: Âmbito Jurídico, Rio Grande, XIV, n. 95, dez 2011. Disponível em: <www.ambito-juridico.com.br/site/index.php?n_link=revista_artigos_leitura&arti go_id=10797>. Acesso em Julho 2018.

CARVALHO, Erick Leonardo Freire; LOPES, Marcelo Leandro Pereira. A lei da Arbitragem e a Convenção de Nova Iorque à Luz do STJ: efeitos da Emenda Constitucional n° 45. Revista CEJ, Brasília, Ano XVII, n. 60, p. 16-28, maio/ago. 2013. Disponível em: <http://www.cjf.jus.br/ojs2/index.php/revcej/article/viewFile/1694/1750>. Acesso em Novembro 2017

FREITAS, Fernanda Cristina Alem. Arbitragem e a ratificação da convenção de Nova York pelo Brasil. Revista Consultor Jurídico, 9 de novembro de 2002. Disponível em: <https://www.conjur.com.br/2002-nov-09/arbitragem_ratificacao_convencao_york>. Acesso em Outubro 2017

LIMA, Cynthia Cinara Carvalho. Arbitragem Internacional: uma abordagem acerca da solução de controvérsias no plano comercial internacional. Âmbito Jurídico, Rio Grande, XIV, n. 95, dez 2011. Disponível em: <http://ambitojuridico.com.br/site/?n_link=revista_artigos_leitur a&artigo_id=10893&revista_caderno=16>. Acesso em Outubro 2017.

NAJJAR, Joubran Kalil. Arbitragem no âmbito Internacional como principal alternativa para pacificação Mundial. Boletim Jurídico, Uberaba/MG, a. 12, no 752. Disponível em: <//www.boletimjuridico.com.br/doutrina/texto.asp?id=2456> Acesso em outubro. 2017

STORTI, Poliana Cristina Carrascossa. A homologação da sentença arbitral estrangeira no ordenamento brasileiro. In: Âmbito Jurídico, Rio Grande, XVI, n. 112, maio 2013. Disponível em: <http://www.ambitojuridico.com.br/site/?n_link=revista_artigos_leitura&artigo_id=13208>. Acesso em Julho 2018.

VALÉRIO, Marco Aurélio Gumieri. Homologação de sentença arbitral estrangeira: Cinco anos da Reforma do Judiciário. Brasília a. 47 n. 186 abr./jun. 2010. Disponível em: <https://www12.senado.leg.br/ril/edicoes/47/186/ril_v47_n186_p61.pdf.> Acesso em Junho 2018.

WALD, Arnoldo. A Interpretação da Convenção de Nova Iorque no Direito Comparado. Doutrinas Essenciais Arbitragem e Mediação, vol. 5, Set. 2014. Disponível em: <https://edisciplinas.usp.br/mod/resource/view.php?id=187023>. Acesso em Nov. 2017.

.

SOBRE OS AUTORES

Ana Cláudia Alves Cunha Paiva
Mestranda em Ciência Política e Relações Internacionais pela UFPB. Bacharel em Relações Internacionais pela UFPB. Graduanda do Curso de Direito do IESP. E-mail: aninhapaiva_@hotmail.com

Ana Rafaela Pessoa Alcoforado
Graduanda em Direito pela Universidade Federal da Paraíba.

Antonio Alves de Vasconcelos Filho
Graduando em Direito pela UFPB

Cecília Paranhos Santos Marcelino
Professora do curso de Direito da UFCG

Cícera Rayane Silva Pereira
Graduanda em direito pelo Unipê

Edna Firmino Rodrigues Fernandes
Pós-graduanda em direito penal, processo penal e perícias criminais pela FESMIP. Graduanda em direito pelo UNIPÊ. Bacharel em ciências econômicas pela UFPB e Tecnóloga em negócios imobiliários pelo IFPB, E-mail: ednaeconomista1@hotmail.com

Elvira Pinheiro Macêdo
Graduanda em Direito pela UFPB

Emília Paranhos Santos Marcelino
Mestre em Direito – Unipê. Professora da UFCG.

Felipe Viana de Mello
Mestre em Direito Processual Civil pela Universidade de Coimbra. Professor de Direito Civil no UNIPÊ dos cursos de graduação e pós-graduação. Professor substituto de Direito Civil na UEPB. Professor de pós-graduação do IESP, da FESP, do FESMIP e da

ESA. Assessor de juízo do Tribunal de Justiça da Paraíba. Membro do IBDFAM/PB. Contato: felipevianajp@hotmail.com

Gustavo Tanouss de Miranda Moreira
Graduando em Direito pela Universidade Federal da Paraíba. Integrante do LABIRINT.

Jarbelle Bezerra da Silva
Graduando em Direito pela UEPB

Karin Maria Montenegro Marques
Advogada colaborativa, Especialista em Direito Processual Civil, Mestranda do Programa de Sociedade, Tecnologias e Políticas Públicas SOTEPP -UNIT/AL, Mediadora certificada pela ESMAL e ICFML. E-mail: karinmarques@hotmail.com

Rodrigo de Lima Bezerra
Graduando em Direito pela UEPB